（上）**ヴィクトリア女王**　（ナショナルポートレイトギャラリー，ロンドン）アフロ提供
（左）**グラッドストン**　（ナショナルポートレイトギャラリー，ロンドン）Alamy 提供

（上）ヴィクトリア女王時代のイギリス下院議場　1858年。（ウエストミンスター宮殿，イギリス国会議事堂蔵）アフロ提供

（左）ロンドン万国博覧会開会式
1851年。（個人蔵）Alamy 提供

TURKEY.
PERSIA.

ロンドンの下層社会　19世紀中ごろのロンドンの貧民街。（個人蔵）Alamy 提供

新・人と歴史　拡大版　29

# 最高の議会人　グラッドストン

尾鍋 輝彦 著

SHIMIZUSHOIN

本書は「人と歴史」シリーズ（編集委員　小葉田淳、沼田次郎、井上智勇、堀米庸三、田村実造、護雅夫）の『グラッドストン』として一九七一年に、「清水新書」の『最高の議会人・グラッドストン』として一九八四年に刊行したものに歴史的名辞や表記・仮名遣い等一部を改めて復刊したものです。

# はじめに

## 「進むべき道を選ぶ能力」

多かれ少なかれ成功の可能性があると思われるコースが、前途にいくつかあるとき、そのなかからもっとも適当と考えるコースを選びとるということは、われわれが人生の行路において、しばしばぶつかる経験である。

歴史を学ぶ目標の一つは、このような選択能力を身につけることである。史上の人物や集団が行なった選択、その成否に注目するのである。

ここから、人物を中心とする歴史記述の存在が生まれる。

現代の日本人が求めている大きな選択の一つは、議会政治をめぐる諸問題である。それゆえにこそ、かつて議会政治が典型的に発展したといわれる一九世紀イギリス史上の群像——偉大なるヴィクトリア人——にふれる意味がある。

# 目次

III

## 保守党の暗い谷間

Ⅳ

## 立憲政治の絶頂

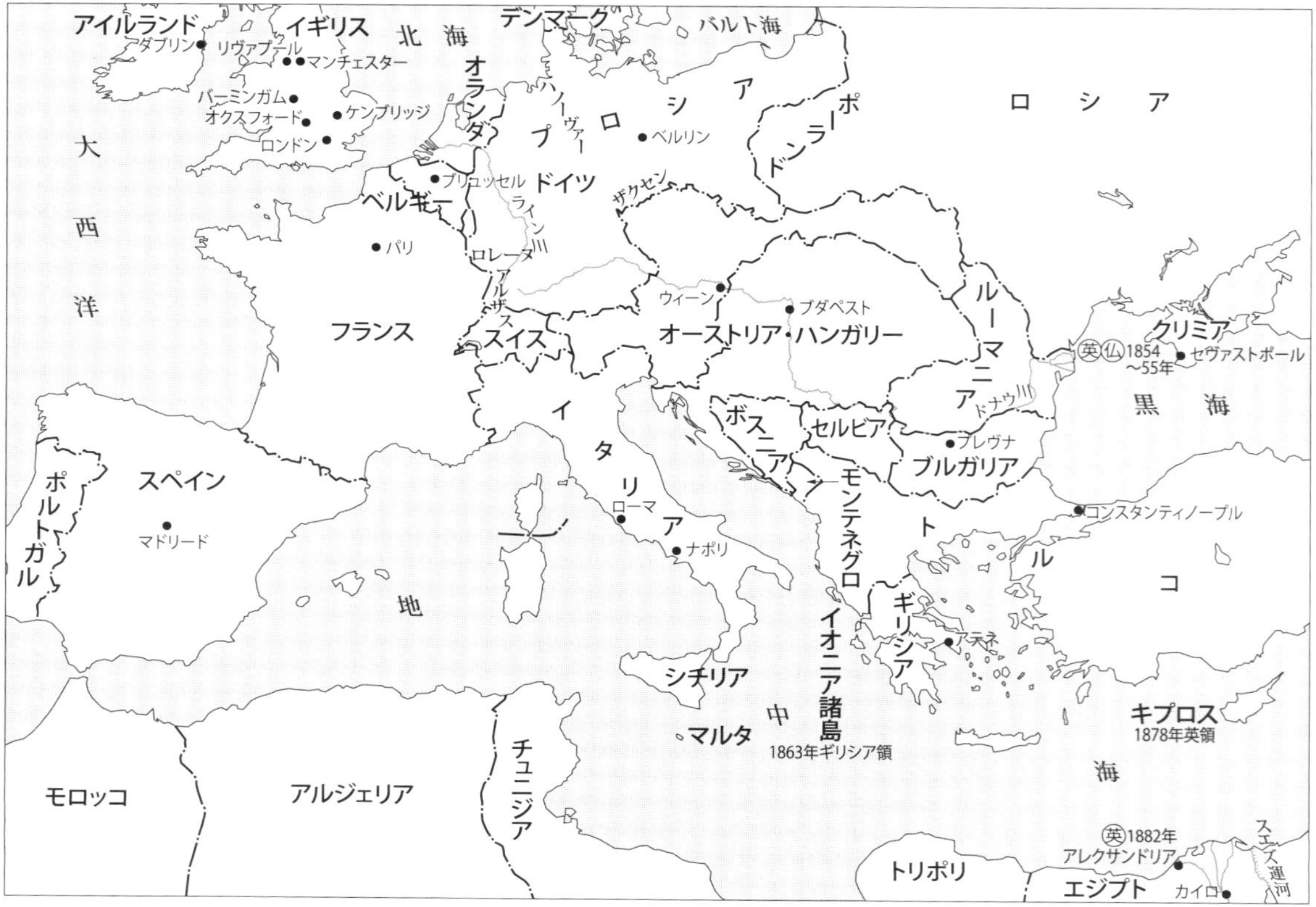


グラッドストン関係地図

# I

# 表舞台に出るまでの三人

# 奴隷所有者の子、グラッドストン

### ❖グラッドストンを愛用するグラッドストン

庄司薫の『赤頭巾ちゃん気をつけて』にヒントを与えたといわれているJ・D＝サリンジャーの『ライ麦畑でつかまえて』のなかに、主人公のホールデンが、成績不良のため高等学校を退学になり、学校の寮を出ていくときに「二つの旅行カバン《グラッドストン》に品物をつめた」と書いてある。

一九世紀のイギリスの大政治家グラッドストンと、旅行カバンのグラッドストンとのあいだには関係がある。かりに君がホールデンと同じように歴史に弱いとしても——歴史に弱いヤツは、そもそもこの本を読まないかな——かれと同じように英語が得意であるならば、判断の手がかりをつかむことができるだろう。

英語の辞書を引いてみるとよい。それも、英和辞典だけではダメである。英英辞典の、しかもかなり大部なのを引いてみることだ。すると、まんなかから二つに開く皮製の旅行カバンが、グラッドストンとかグラッドストン=バッグといわれ、その名が政治家グラッドストンに由来していることがわかる。議会政治家であり、四度も首相となったかれは、演説するためにしばしば各地を旅行したが、そのときにこのカバンを愛用したのである。

父のジョン=グラッドストン

皮肉な人間、よくいえば探求心のさかんな人間には、その型のカバンはグラッドストンが発明したわけではなかろうから、グラッドストンという名がつくまえには、なんと呼ばれていたのだろう、という疑問がわくだろう。だが、ここからさきのことはわたしにもわからない。サキソホーンなら、アドルフ=サクスが発明したから、そういう名がついたのだが、グラッドストンはカバンをつくったのではないから。

ともあれ、このグラッドストンがこの本の主人公である。それから、かれの政治上の好敵手であったディズレーリと、その時代の君主であったヴィクトリア女王が、わき役である。二人の政治家の活躍のピークは、いまからほぼ一〇〇年前のことである。イギリスの議会政治が世界の範とされ、また大英帝国が華やかなりしころである。

まず、三人が歴史の表舞台に登場するまでのことを語ろう。

## ❖ナポレオン戦争でもうける

ウィリアム＝エワート＝グラッドストンは、一八〇九年一二月二九日、イギリス中西部の繁栄する港市、リヴァプール市で生まれた。この年には、アメリカ大統領アブラハム＝リンカーン、生物進化論のチャールズ＝ダーウィン、イギリスの詩人アルフレッド＝テニスンも生まれた。

一九世紀のアメリカの代表的政治家であったリンカーンが、西部の開拓民の子であったのとは対照的に、グラッドストンは豪商の子であった。父のジョン＝グラッドストンは、スコットランド出身で、リヴァプールに移ってから、東インド・西インドとの貿易や西インドの農園経営で成功し、六〇万ポンドの遺産を残した。

「ああ、たった六〇万円か」なんていう換算をしてはいけない。六〇万ポンドというのは、現在の円でいうと少なくとも七億円くらいに相当する。昔の貨幣価値について、現在とくらべてどのくらいの実質価値があるかということを知ることはたいへんむずかしい。一八二九年ごろの警官の初任給は週一ポンド一シリング、すなわち年六〇ポンドたらずであった。つまり、グラッドストンの父の遺産は、警官一万人の初任給一年分よりも多かったのである。巨富といえるだろう。

ウィリアム＝エワート＝グラッドストンが生まれたころは、フランスのナポレオン一世の全盛期であり、英仏のあいだは戦争状態にあった。しかしイギリスは、ヨーロッパ大陸から海でへだてられているうえ、制海権をにぎっていたので、直接の戦禍は受けなかった。

しかし、食料品が値上がりし、日用品に戦時付加税がかけられたので、民衆の生活は苦しくなっていた。政府は戦費調達のために財政収入の増加をはかり、その手っとりばやい手段として日用品に課税したのである。

逆に戦争で得をした階層もあった。たとえば、大商人は戦時を利用した投機的な商売でぼろもうけをした。かれらは広い地所を買い入れて地主を兼ね、政界と関係して上流階級と交わり、子弟を上流階級の学校に入れた。また子弟のために議会の議席や軍隊の士官の地位を買い入れた。こういうと、なにかいかがわしい買収をやったようであるが、そうではない。こういう買い入れ制度があったのだ。そのことは、これらの制度が廃止されるところでくわしく話すことにする。廃止にグラッドストンが一役買っているのだ。

## ❖奴隷の暴動

グラッドストンの父は、戦争でもうけた富裕な商人の一人であり、一八一五年ナポレオン戦争が終わったのち、一八一八年から約一〇年間、トーリー派に属する下院議員でもあった。そのころトーリー派の長期政権がつづいていた。

かれは西インドやギアナに広い農園をもち、おおぜいの黒人奴隷を使っていたが、一八二三年、ギアナのかれの農園で黒人奴隷の暴動が起こった。それは鎮圧されたが、そのとき幾人かの黒人が死に至るまでむちで打たれたり、しばり首にされた。白人の宣教師のジョン＝スミスも、この暴動に加担したという噂のために、つかまって死刑の判決を受けた。

ところが、たんなる噂にもとづく判決であったから、死刑反対の声が起こり、本国の政府も減刑を決めた。しかし、減刑のしらせがギアナにとどく前に、スミスは牢獄のなかで虐待されたあげく死んでしまった。汽船が大西洋を初めて横断したのは、まだ四年前のことであり、減刑のしらせがとどくのがおそすぎたのだ。

与党のトーリー派の議員の農園のできごとであるから、野党のホイッグ派は下院でこれを問題にした。ジョン＝グラッドストンは新聞に投書してつぎのように弁明した。スミスは革命家のように行動したからああなったのであり、責任はかれにある。奴隷制度は歴史が始まって以来存在するものであり、ところによっては神によって認められてもいる。奴隷解放などということは夢想だ。世間の人は、植民地の奴隷のことを心配するよりも、本国の下層階級の境遇の改善に関心を払うほうが賢明だ。

ジョン＝グラッドストンはイギリス国教会の福音派に属し、教会堂を二つも寄付し、日常生活でも敬虔な信仰生活を送っていた人である。そのような人ですら、こんな奴隷制度弁護論をしたのである。

現代では、奴隷労働は法律で禁止されているばかりでなく、道徳的にも無条件に非とされているが、一九世紀の初めは先進国のイギリスですらそうではない。イギリスでは、奴隷を売買する奴隷貿易はすでに一八〇七年に禁止されていたが、植民地の奴隷制度はまだつづいていた。農園で砂糖・タバコ・綿などを栽培するには、強制労働であり、したがって自由民の労働ほどには綿密な技術をもたない奴隷労働で間に合ったのだ。それに奴隷ならば生活水準が低いから安上がりですむ。

このように奴隷制度は経済的に有利な経営形態だから、人道主義的な考慮は無視されたのだ。そのうえ、有色人種に対する白人の人種的偏見も、奴隷に対する罪悪感を軽くしていた。民主主義と自由ということは、白人のあいだだけのものであった。

最近一〇〇年のイギリスでは、ヨーロッパ大陸とはちがって革命運動は弱く、改革は議会政治によろうとするものが圧倒的に強いが、一八二〇年ごろのイギリスでは、民衆が苦しんでいるにもかかわらず、議会政治を通じての改革の見込みがとぼしかったので、社会体制を一挙にくつがえそうとする過激な行動さえあった。

一八二〇年にはカトー街陰謀事件が発覚した。二〇人の急進主義者が、全閣僚を暗殺し、大砲を奪い、イングランド銀行を占拠して臨時政府を組織しようとするものであった。仲間が当局に情報をもらしたので未遂に終わったが、革命に対する上層階級の恐怖心は強く、ジョン＝グラッドストンの弁解の辞のように、革命をおさえるためには、手荒な弾圧も許されるという考え方があったのである。

## ❖イートン校時代

グラッドストンは、初等教育はリヴァプール近くの牧師館で受けた。

一一歳のとき、パブリック-スクールの名門、イートン校に入学した。パブリック-スクールは私立寄宿学校と訳される。上流家庭の息子が通う全寮制の中等学校である。イートン校は一四四〇年の設立と歴史が古く、パブリック-スクールのなかでもっとも有名で、ここの卒業生のなかには、著名な人物が多い。

日本の学校制度には、パブリック-スクールに相当するものは過去にも現在にも存在しない。

旧制高等学校が比較的近いともいわれたが、旧制高校には貧しい家の子弟も少なくなかった。いくらか特権的なところが似ているともいえるが。パブリック-スクールは現在までつづいているが、第二次世界大戦後は国家の奨学金制度が充実して、貧家の子弟でも入学できるようになった。

グラッドストンは、イートンでアーサー＝ハラムという二歳下の親友を得、二人はおたがいの部屋や戸外で時を過ごすことが多かった。ハラムは有名な歴史家ヘンリ＝ハラムの子であり、詩を愛し、温雅で寛厚な性格をもち、グラッドストンに大きな影響を与えた。グラッドストンはオクスフォード大学に進んだが、ハラムはケンブリッジ大学に進み、テニスンと親しくなり、詩人として成長していった。

ハラムは夏休みに父とチロル旅行に出かけたが、ウィーンにおいて血管破裂で急死した。ハラムの死はグラッドストンにもテニスンにも深刻なショックを与えた。テニスンは晩年にハラムを弔う長篇の詩「イン-メモリアム」を書いた。

イートン生活六年あまりの後半には、グラッドストンは課外に文学・歴史・政治などの本を熱心に読み、『イートン雑誌』という校内雑誌の編集にたずさわり、自分でも原稿を書いた。

かれは弁論会でも活躍した。この会のやり方は興味深い。ある設問について賛成者と反対者が演説したのち、全員が設問に対してイエスかノーのどちらかに投票するのであった。かかげられる設問は、現実社会のことをまだよく知らない少年にとっては、むずかしいものではあるが、少年なりの論証をして、相手に勝つために知恵をしぼるわけである。

グラッドストンは一五歳のとき初めてこれに参加したが、演題は「下層階級に教育をあたえることは、かれらにとってよいことか否か」というものであった。「そんなことは〝イエス〟にきまっている」とすぐ考えずに、まずグラッドストン少年の論旨をきこう。

「上層階級としては、下層階級が同胞のために善良にふるまうよう、その資質を向上させなければならぬ。そうすれば下層階級は義務に忠実になるだろう。職人の勤勉や才能をねむらせておき、かれらの希望をくだき、かれらの精神を抑圧されたままにしておくのは、道義的に正しくなく、また政治的にも当を得ていない」

君はこのような議論を奇異に感ずるだろう。日本国憲法第二六条第一項には「すべて国民は、法律の定めるところにより、その能力に応じて、ひとしく教育を受ける権利を有する」とある。しかし基本的人権のなかに教育を受ける権利が数えられるようになったのは、一九世紀後半になってからである。イギリスでも義務教育制度ができたのは、グラッドストン少年がこの演説をしてから半世紀以上たってからである。フランス革命の人権宣言ですら、教育を受ける権利は含んではいない。現代では常識となっている「教育の機会均等」という理念は、ずっとあとに生まれたものである。

伝統的な制服をつけたイートン校の生徒

「下層階級を見くだしたような言い方が気にくわぬ」といわずに、グラッドストン少年の考え方の背景を見てみよう。西ヨーロッパの貴族階級には中世以来「貴族の義務」という観念が存在し、支配層としての社会的責任という考えが伝えられてきた。グラッドストンの父は商人出身であるが、政界にも進出し、一八四六年には最下級の貴族である従男爵の地位も得るのである。だからグラッドストン少年も上層階級に属する者の責任という観念を知っていたのである。

イートンの生徒は、まだ少年であるのにシルクハットと燕尾服《えんびふく》をつけている。紳士道をみがくことが教育目標の柱である。

グラッドストンの演説で、もう一つ注目すべきものは「道義的に正しい」とか「政治的に当を得た」という表現である。これは、政治家になってからのグラッドストンの政治行動を律する二つの尺度でもあった。

かれはすでにイートン校時代に、将来政治家になることを夢みるようになり、卒業のとき、学校の壁に「いとも尊敬すべきW・E・グラッドストン下院議員」（THE RIGHT HONOURABLE W. E. GLADSTONE, M. P.）と落書きした。

## ❖オクスフォード大学時代

グラッドストンは、一八歳でオクスフォード大学に進学し、クライスト-チャーチ学寮（カレッジ）に席をおいた。はじめはのんびりした学生生活を送っていたが、やがて猛烈に勉強して、古典と数学で大学最優位の成績を得た。古い大学教育においては、文科系ではギリシア・ローマ古典が、理科系では数学が中核をなす学科であったから、グラッドストンは文理双方に秀《ひい》でた才能を示したといえる。

一八二九年、かれは十数人の同好者を集めて、大学内にエッセイ（論文）討論クラブを創立した。クラブは創立者ウィリアム＝エワート＝グラッドストンにちなんでウェッグ（WEG）といわれた。会員のだれかが論文を発表し、それについて会員が賛否の投票をするのである。

この会はこののち発展し、オクスフォード大学の学生生活の重要なものとなっていたが、一九七一年の新聞の論ずるところによると、ちかごろのオクスフォード大学生は、このクラブに対する関心が薄く、ほとんど解散状態であるということだ。

イートン時代に、将来政治家になろうと考えていたグラッドストンは、大学時代には信仰のことで深く悩むようになった。それはきわめて深刻なものであり、ついには、ひたすら神につかえるのを将来の職業とすること、すなわち聖職者になることを考えるようになった。

オクスフォードは教会の附属学校から出発して大学になったものであり、イングランド国教会（聖公会）に属する聖職者が教職員のなかに多かった。しかし、グラッドストンが在学していたころのオクスフォードのイングランド国教会主義の教えは形骸化しており、きまじめなグラッドストンから見れば、真の信仰の敵であった。かれの内面の信仰の高まりと、外界の形式的宗教とのくいちがいのひどいことが、かれの心をいちずに聖職者の道へと駆り立てたのであった。

かれは父に相談の手紙を出したが、父からは、そういうことは卒業試験が終わってから決めればよいという返事がきた。父も信仰のことにはまじめな人であったが、内心では子どもの聖職者志願には反対であった。

宗教的情熱に燃え、神から使命を与えられたと感じたグラッドストンは、学業にいっそう精を出すようになった。それまでは、勉強好きでよく勉強したというだけであったが、それからは意志を強固にもって積極的に勉強にはげんだ。

## ❖腐敗選挙区

グラッドストンの心のなかでは、政治に対する関心と神につかえる熱情とがたたかっていたが、ちょうどそのとき、世俗的な大問題が起こり、かれの関心をひきつけた。それは選挙法改正問題である。

一九世紀初めのイギリスの歴史にふれるとき、一見して奇異に感ずるのは、政治体制が案外に古くさいことである。すでに一七世紀に清教徒革命と名誉革命を行ない、その後も議会政治が進んだにもかかわらず、一九世紀にはいったところで、ふたたび議会政治に古い弊害があるという表現にぶつかると、イギリスの議会政治の発展がわからなくなる。

それは、議会政治と、民主的議会政治とを混同するからである。議会政治というのは、国政の最高の決定機関が議会であるということである。しかし、その議会が広い民意を代表するかどうかは別問題である。議会の優位が確立したあとでも、議員を選出する人民の範囲をひろげるという問題がまだ残っている。それを行なうのが議会の民主化の基本的事項である。

イギリスでは、下院議員を選挙する有権者の範囲も、選挙区の区分も一七世紀以来変わっていなかった。一八世紀末から産業革命が起こって、工業都市がおこってきたが、選挙区は割当てられてはおらず、人口が極度に少なくなった地方がまだ選挙区を構成し、その地方の地主貴族の意向が選挙の結果を左右した。これは腐敗選挙区といわれた。下院議員の半分は貴族であり、新興の産業資本家はあまり進出できなかった。

改革の声は早くから起こっていたが、長く政権の座にいるトーリー派は、現状維持の態度をとっていた。これに対して政権を離れていたホイッグ派は、産業資本家と結んで選挙法改正運動に積極的に乗り出した。

イギリスでは、ワーテルローの戦いに勝ち国民的尊敬を集めているウェリントン公爵が、一八二八年以後、首相としてトーリー派内閣をひきいていたが、閣内の反動的分子の意見に同情するるので、自由主義的な大臣は辞職してしまった。内閣は近東問題でも失策して、人気を失った。

一八三〇年七月、フランスにおける選挙権拡大の要求を政府がおさえたところから、パリに革命が起こり、ブルボン王朝がたおれた。この七月革命の影響は、ヨーロッパ各地に革命、反乱などとして現われたが、イギリスでは選挙法改正運動を激化させた。

この年ジョージ四世が死んで、ウィリアム四世が後を継いだ。当時は王がかわれば総選挙を行なうことになっていた。一一月の総選挙でホイッグ派が大勝し、ウェリントン内閣は辞職した。半世紀ぶりにホイッグ派が政権をとった。グレー内閣は翌年三月、ジョン=ラッセルの選挙法改正案を下院に提出した。トーリー派が反対し、四月、下院は解散され、再び総選挙となった。

### ❖選挙権拡大に反対する若者

ジョン=ラッセル

これは「賛成」の間違いではない。グラッドストンは反対したのだ。かれは選挙戦の最中の五月、オクスフォード大学のエッセイ討論クラブで選挙法改正に反対する演説を行なった。かれの父がトーリー派であったから反対したのではなく、信念にもとづいて反対したのだ。

こんにちでは、参政権の拡大の正当性は自明のこととされているが、一九世紀には、イギリスにおいてすら参政権の拡大はよくないという政治思想もあったのだ。グラッドストンの意見は、参政権を適正に行使するには特別の能力と責任感を要し、しかもそのようなものをもつ者はきわめて限られているから、参政権に関する伝統的な制限は適切

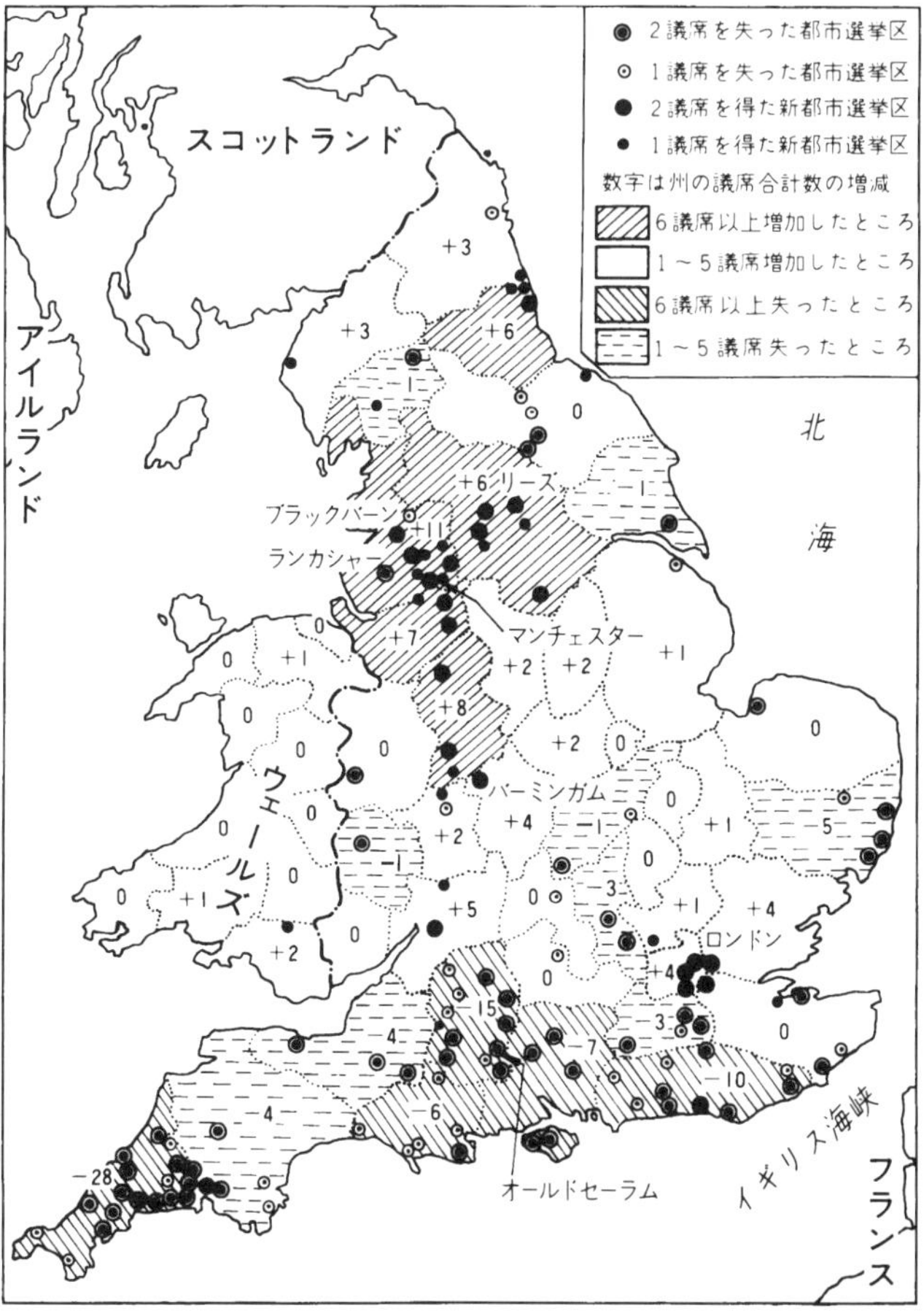


1832年の選挙法改正による下院の議席の変動

であり、これを改正しようとするのは社会秩序の基礎を破壊するものだというのであった。かれはこれを信仰と結びつけて、選挙法改正は反キリストの行為であるとさえ断言した。

かれの演説は九四対三七で支持された。選挙法改正の世論が高まっているときに、世人よりも知識の高いはずのオクスフォードの学生がこれに反対するということは、現代の日本の大学生の状況と比べたら、まったく理解できないだろう。支持されたのは、グラッドストンの演説がうまかったせいもあるが、学生のもつ「貴族の義務」という観念がそうさせたのである。

## ❖反対は通らなかったが、議員にはなれた

総選挙はまたもやホイッグ派の大勝となり、九月に提出された二回目の選挙法改正案は、下院で大差をもって可決された。しかし上院が否決した。全国には上院に対する敵意が燃え上がり、デモがくりかえされ、暴動すら起こり、革命前夜のような情況になった。

一八三二年三月、内閣が提出した三回目の選挙法改正案は、下院を通過したが、上院の委員会が、内閣の認めることのできないような修正案を要求した。グレー首相は上院を制約するために、国王に対して、国王大権に属する貴族叙任権を発動して、改正に賛成する多数の新貴族を少なくとも五〇人つくり出すという思いきった措置を要請した。しかし国王が拒否したので総辞職した。

政治的シーソー-ゲーム
題名は「上がったり、下がったり」。イギリス人の象徴であるジョン=ブル（世論）が左のグレーが上がるように操作し、右のウェリントンが下がる。ウェリントンは、国王が肩で板をもち上げて（新貴族追加）、グレーを助けるのに警告している。（1832年作、ジョン=ドイルの石版画）

ウェリントンはふたたび組閣を命ぜられたが、かれは暴動が各地に起こるのをみて、組閣を断念した。ふたたび組閣を要請されたグレーは、国王にせまって、必要に応じて上院に新貴族を追加するという言質を得た。上院の反対派もついに屈服し、反対するかわりに投票に欠席したので、法案は通過した。

選挙法の改正によって人口の少ない選挙区は廃止されたり、議員の数を一名に減らされ、人口の多い都市や州に議席が増加した。有権者の数は約四三万から約六五万に増加した。新有権者はほぼ市民階級の中層であった。だが、まだ成年男子人口の一五％、総人口の三％にすぎなかった。

選挙法改正はしょせん微温的な改革ではあったが、その意義は大きかった。地主貴族の寡頭政治は打破されて、産業資本家の声が議会政治のうえにしだいに反映されるようになった。議員のなかで貴族がしめる比率は依然として大きかったが、かれらは地主貴族よりも産業資本家の利益を敏感に感じとるようになった。

とくに内閣に対する下院の力が強化され、内閣の更迭が下院の反対表決によって起こるのが常例となった。国王が内閣を罷免する権限は法的には存続するが、事実上行使されなくなった。ただし、その他の点では国王の国政介入がその後も絶無になったわけではない。

またこの機会に、両院の議決が一致せず下院が解散になったあとの総選挙で、下院の議決が国民の支持を得たときには、上院が譲歩しなければならぬという先例がつくられた。

さらに議会政治の枠内で貴族を民衆の要求に譲歩させたということは、合法的改革の道にとっては大きな収穫であった。民衆が十分な圧力を加えたならば、革命によらなくても大きな変革を実現できるという考え方が、こののちイギリスの政治生活に根をおろすようになった。

選挙法改正のころから歴史的な二大政党には大きな変化が現われた。ナポレオン戦争後の自由主義的な改革運動を、保守派が「リベラル」と呼んでいたが、選挙法改正運動が最高潮に達したころ、ホイッグ派と急進派の共同戦線にこの名が用いられた。このグループは自由主義の立場にたって改革と進歩を主張した。自由党の誕生である。急進派は自由主義改革を積極的に推進しようとする人々である。

トーリー派では、この名があまりに古い印象を与えるのを避けて、新たに「保守」(コンサヴァティヴ）という名を使うようになった。

さて、選挙法改正反対論が破れたのはグラッドストンには残念なことであったが、かれが反対論を唱えたことは予想外の結果を生んだ。というのは、グラッドストンの学友リンカーン卿が、かれの選挙法改正反対演説に深く感動し、トーリー派に属する父のニューカッスル公に手紙を書いて、父の縄張りになっているニューアークの選挙区をグラッドストンに提供するようすすめた。

話はすすみ、グラッドストンはまだ学生の身分で立候補した。選挙の結果、三人の候補者のうちでグラッドストンが八八七票を得て首位となった。

# ユダヤ人ディズレーリ

## ❖おしゃれな文学青年

グラッドストンが立候補したとき、ディズレーリも他の選挙区から立ったが、あっさり落選した。かれが当選するのは五年後である。

ベンジャミン＝ディズレーリの祖先は、一四九二年、スペインの宗教裁判所によって国外に追放された二〇万のユダヤ人の仲間であり、ヴェネツィアに移住し、祖父の時代の一七四八年にイギリスに渡り、商業によって富を得た。ディズレーリの父アイザック＝ディズレーリは、詩や文学研究で名をなした人である。

この家系がユダヤ人であることは、名前のうえにも現われている。「ディズレーリ」をベンジャミンの代にはDisraeliと書いたが、アイザックの代まではD'Israeliと書いた。これはイタリア語で「イスラエル人の」という意味である。アイザックやベンジャミンは旧約聖書に出てくる名の英語読みである。

ベンジャミン=ディズレーリはグラッドストンより五年早く、一八〇四年一二月二一日、ロンドンで生まれた。父はユダヤ教の牧師と争いを起こして、子どもたちをキリスト教に改宗させた。ディズレーリがキリスト教の洗礼を受けたのは、一二歳のときであった。当時のイギリスでは、ユダヤ教を信ずるものは政界からしめだされていたので、改宗は後年ディズレーリの政治的活動に決定的な意味をもっている。

アイザック=ディズレーリ

サラー=ディズレーリ

かれは新教のユニテリアン派の牧師が経営する学校に通った。かれは学校でギリシア・ローマの古典を愛したが、同時に教会の正統な信仰とはくいちがう考えをもったので、退学させられた。ディズレーリの父は、商人の職をつがせようとする祖父の意志に反して、詩や文学にふけったが、息子のベンジャミンも同じようなことでかれを悩ませた。ベンジャミンは、頭の良い子であったが、野心的であり、それが達成される見込みがないとみて、みずから孤独な生活にはいって読書ばかりにふけっていた。

父は息子のそういう姿を「あの無名の多数者、すなわち自己を欺きつつ自己に不満で、凡庸の枠のなかで消えてしまうような、つまらぬ芸術家の大群のなかにはいるのを恐れた」と書いている。父は、一七歳のかれを友人の弁護士の事務所に就職させた。

かれは、昼間は弁護士の秘書として働いたが、夜は相変わらず読書にふけった。珍奇な服装に凝って、しゃれ者として知られるようにもなった。そんな生活を三年つづけたが、あまりに野心があり、空想的なかれには、この職業が不向きなことがはっきりしてきた。

「ハイ-ソサイエティにはいるには、血縁か巨富か天才のいずれかをもたねばならぬ」という信条をもっていたかれは、二〇歳のときまず金もうけに目を向け、三人の友人と組んで南アメリカの鉱山の株に手を出したが大損をし、巨額の負債を負ってしまった。

かれはこの負債の償却にその後三〇年間悩まされる。この失敗のつぎには、父の友人の大出版業者であるマーリを得意の弁舌で説得して、『タイムズ』に匹敵する新しい新聞を刊行しようとしたが、これも結局失敗に終わった。

そのとき弁護士の妻であるオースティン夫人にすすめられて『ヴィヴィアン＝グレー』（一八二六）という諷刺《ふうし》小説を刊行した。この時代の有名人物を別名で取り入れたもので、かなりの反響を呼んだ。二年後『キャプテン－ポパニラの航海』という小説を書き、イギリスの生活や制度を諷刺した。つぎにもう一作書いたあと、外国旅行に出かけ、スペイン、アルバニア、トルコ（オスマン帝国）、パレスチナ、エジプトをめぐった。

この旅行は、ユダヤ人であるかれが祖先の地にあこがれをもっていたことを示している。同時に後年、かれが東方に大英帝国の領土をひろげることに熱心になったり、トルコを外敵の攻撃から守ったり、スエズ運河の重要性を深く理解したこと、とくにユダヤ人を祖先とすることを誇りとしたことにいくらか影響したであろう。

外国旅行から帰ったかれは、二冊の小説の原稿を仕上げていた。その一つである『コンタリーニ＝フレミング』の筋は、スウェーデンの大政治家の息子が、文芸の世界に身を投じて、文学史上に不朽の名をとどめようか、それとも政界に出て現世の名声を得ようかと迷うというものであり、それはそのままディズレーリの内心の迷いを表現したものであった。

## ❖落選また落選

一八三二年六月、かれの家に近いバッキンガム州のウィコム区選出の下院議員が辞職したので、旧選挙法による補欠選挙が行なわれることになり、ディズレーリは政界に出るチャンスだと考えた。既成政治家との縁故のないかれは、ホイッグ派にもトーリー派にも属さず、急進派の政治家として立った。アイルランドの民族運動の指導者ダニエル＝オーコンネルらがかれを支援した。相手はホイッグ派のグレー首相の長男グレー大佐であった。開票の結果はグレー大佐二〇票、ディズレーリ一二票であった。投票数がこのように少ないことは、旧選挙法の不合理さを物語っている。

この年一二月、新選挙法による総選挙が行なわれ、ディズレーリはふたたびウィコムから立候補したが、少差で落選した。さらに一八三五年一月の総選挙にもウィコムから立候補したが落選した。

三度の落選によって、かれは二大政党のどちらかに属しなければ政界で活躍するのは困難であると考え、保守党に入党した。ちょっと考えると、急進派のものが転向してはいるとすれば、自由主義改革に熱心な自由党に入党することになるであろう。

しかし、自由党は既成の地盤が固まっていて縁故関係のない新参者が議員に立候補する機会が少ないし、逆に保守党の政治家のリンダースト卿がかれに好意をよせたのでトーリー派にはいったのである。

急進主義者がトーリー派にはいったことに対して、世人は無節操とか、二股をかけているとか非難したが、ディズレーリとしては「急進主義とトーリー主義は両立する」と考えていた。

30歳のディズレーリ（1834年、ドーセー伯筆）

トーリー党の後身である保守党は、たんなる現状維持ではなく、かなりの革新を行なう政党として成長するが、ディズレーリが急進と保守の両立を唱えたころは、その言はまやかし、日和見主義と見られた。

一八三五年四月、自由党のメルボーン内閣が成立し、入閣したラブシェールが、イギリスの議会政治の慣例にしたがっていったん議員を辞し、もとの選挙区トーントンで補欠選挙に立った。ディズレーリは保守党から立候補した。かれはたくみな選挙演説を行なったが、四たび落選した。

## ❖決闘状

この選挙戦のとき、かれがトーントンの選挙演説のなかで、ウィコムで初めて立候補したとき推薦者となってくれた恩人オーコンネルを反逆者とののしったという噂が流れた。噂の内容は事実ではなかったが、オーコンネルは激怒して、アイルランドのダブリンの演説会で、かれを激しく罵倒した。その内容が全国の新聞にのった。

ディズレーリはダニエル＝オーコンネルの子モーガン＝オーコンネルに決闘状を送った。本人に送らなかったのは、ダニエル＝オーコンネルがかつて決闘で相手を殺して以来、今後決闘をしないという誓いを立てていたことが知れわたっていたからである。

だがモーガンは、自分の父が侮辱された場合は決闘を申し込むが、父が他人を侮辱したことには責任は負わないと答えてきた。

「それなら」というわけでディズレーリは、かれ一流の辛辣《しんらつ》さでダニエル＝オーコンネルをののしった公開状を発表した。それと同時にモーガンには、「余は貴下の父を公衆の前で侮蔑した。これでも貴下は余に挑戦状を送らないか。もし貴下がおじけづいたのなら、代理のものを出して挑戦してこい」という手紙を送った。

アイルランド解放運動の指導者として、アイルランド人からは神のように崇拝されていたオーコンネルに、こういう挑戦をするのは、まったく度はずれな行動であった。警察は心配して一時、ディズレーリを保護留置したが、そのあとかれは平気で例のように風変わりなおしゃれな服装をしてオペラに出かけていった。

対オーコンネルでは威勢のよいところを見せたディズレーリも、債鬼には弱った。株で損をしたときに借りた高利の借金は、年ごとにふえていった。四回の選挙運動や、派手な社交によって、負債はどんどんふえていった。祖父が父にかなりの遺産を残しているから、父に話せばなんとかなったのに、読書に余念のない父にこういう俗事で迷惑をかけまいとした。

かれはしばしば愛人をつくったが、そのほうでも金がかかった。かれの唯一の収入源は原稿を書くことであった。小説や政治論などやたらに書いたわけは借金の返済のためでもあった。

### ❖保守主義の政治哲学

四度目の落選の年から翌年にかけて、ディズレーリは二つの政治論を書いた。『タイムズ』紙上に掲載された『ランニミード書簡』では、時のメルボーン－ホイッグ内閣を痛烈に批判した。『イギリス憲法擁護論』と『ホイッグ主義の精神』の二篇は、イギリス憲政のあり方を論じたものである。

これらの論文を通じてディズレーリがいおうとするところは、つぎのようなことであった。

**イギリスの旧国会議事堂**

旧議事堂の大部分は1834年に焼失し、旧議事堂の中で現在まで残っているのは、ウェストミンスター-ホールだけである。現在の議事堂にあるビッグ-ベン（時計台）や尖塔が旧議事堂にはない。

社会や国家を自然法の抽象的理論で解釈するのは誤りであって、伝統を尊重し、国家・社会を有機体としてとらえなければならぬ。国民性というものは、歴史および長くつづく諸制度によって形成されるものであって、一国の伝統的諸制度を破壊するのは、その国の生命を破壊するにひとしい。下院（The house of Commons）は決して人民の議院（The house of the people）ではなく、国家内の一身分の議院、すなわち自分たちの代表を送る特権をもっている一部国民の議院である。自由や平等はイギリスを民主化するのに役立つが、それは全体としての均衡を保つことによってのみ維持される。

ディズレーリはこのように保守主義の政治理念を展開したうえで、両政党の性格をつぎのようにたくみないいまわしで論じている。

ホイッグ派は一見進歩的のようだが、こういう国民の砦《とりで》である王室やイングランド教会を破滅させたうえで、一階級の優越を維持しようとはかっており、実際は反民衆的な党派である。

これに反してトーリー主義は、一見すると君主やイングランド教会の専制の擁護者のようだが、実際は、ヴェールをきたホイッグの寡頭政治に対して国民の自由を擁護するものである。トーリー主義は「第三身分」の勢力の拡大をおさえようとしているのではなく、ただ選挙権の拡大は慎重に行なおうとしているのだ。トーリー主義は、ホイッグ派が自派の政治勢力を固めようとして一八三二年に成立させた選挙法改正に反対しているだけである。

この主張には、トーリー主義の長所を誇張するとともに、ホイッグ主義を曲解したところもあるが、全体としては立派に通用する保守主義の哲学である。

一九世紀に行なわれている政治思想には、一八世紀の啓蒙思想が生みだした自然法的な自由平等の普遍的・抽象的原理にもとづいて国家・社会を改革しようとするものと、民族や国家の良い伝統を尊重しながら漸進的に改革しようとするものがあった。

前者は、フランス革命につながり、後者は、アメリカの独立は支持したが、フランス革命には反対したエドマンド＝バークの思想の流れをくむものである。ヨーロッパ大陸で前者が盛んであるのに対し、イギリスでは後者が有力であった。

それにしても、ディズレーリがかつていだいていた急進主義は、どちらかといえば自然法思

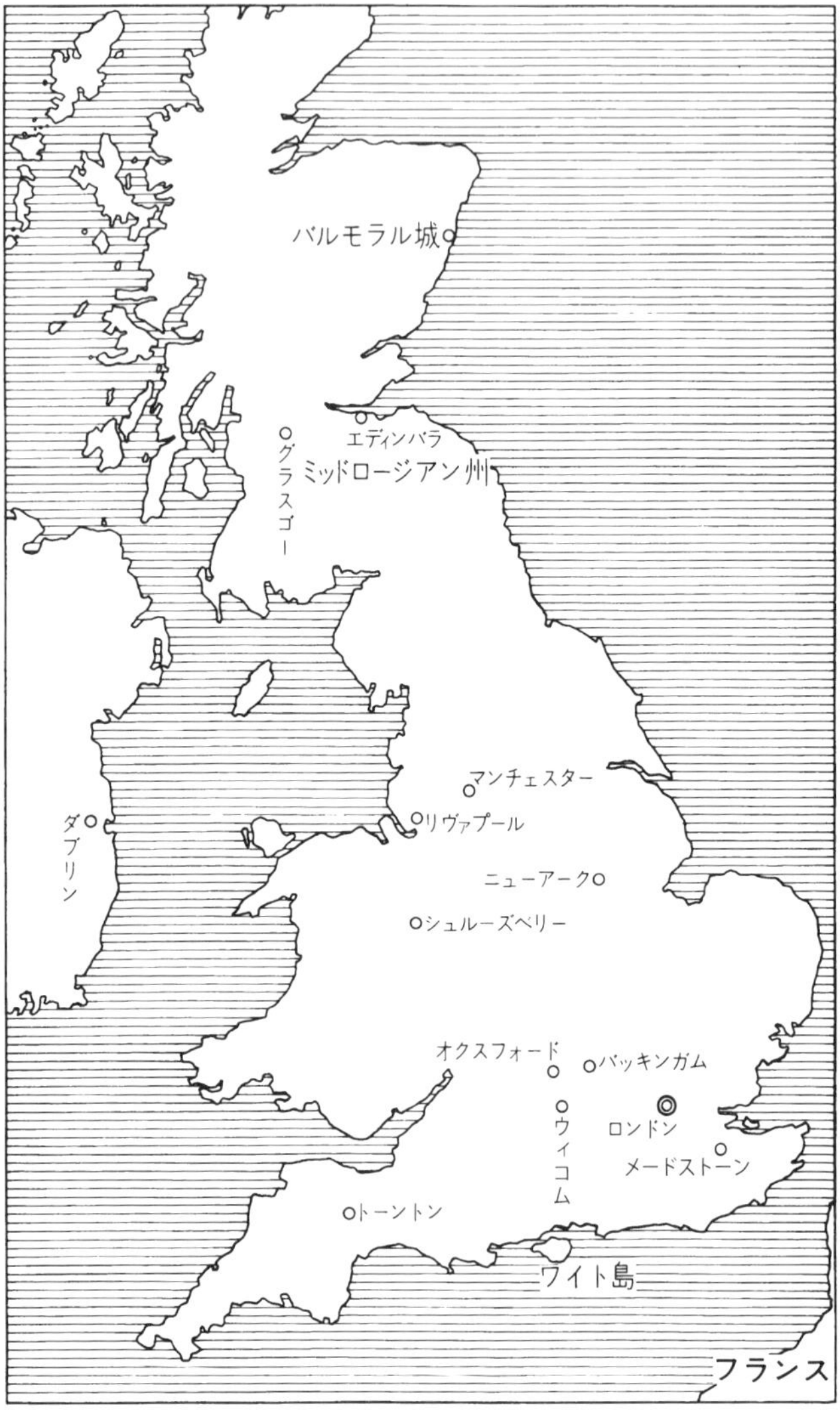
バルモラル城
エディンバラ
グラスゴー
ミッドロージアン州
マンチェスター
リヴァプール
ダブリン
ニューアーク
シュルーズベリー
オクスフォード
バッキンガム
ウィコム
ロンドン
メードストーン
トーントン
ワイト島
フランス

イングランド

想にもとづくものであるから、「急進主義とトーリー主義は両立する」という、かつての弁明は、かれが保守党に深入りしていくうちに、そのままでは維持できなくなったのである。

これと似たような議論や現象は現代の日本の保守政党のなかにも見られる。進歩的な思想を持ちながら、政策を実行する能力ある政党を選ぶとして保守政党に所属する人々の議論・言動である。

ディズレーリは、保守主義の政治哲学を論じているかと思うと、恋愛小説を書く。『ヘンリエッタ＝テンプル』と『ヴェネツィア』がそれだ。ロマン派の詩人バイロンとシェリーの生涯のエピソードをフィクションの形にまとめたものである。実はこの二人の詩人の放胆な考えは、当時の保守思想からは非難されていたのである。

批評家はこの二著について、「どうも急いで書いた形跡がある」と批評している。借金を返すためだから仕方がない。

## ❖ 五度目に当選

保守主義擁護のディズレーリの政治論文は、たいへんな評判になった。それまでかれを軽薄才子とみていたウェリントン公すら「この青年のために議席をつくってやらねばならぬぞ」とつぶやいた。保守党の幹部の人たちは、いつかかれを下院に送らねばならぬと考えるようになった。

その機会は意外に早くやってきた。一八三七年六月二〇日、ウィリアム四世が死んで、ヴィクトリア女王が即位したので、慣例によって総選挙が行なわれることになった。ディズレーリには多くの選挙区から立候補のさそいがかかった。かれはいろいろ思案したすえ、バーンステーブルから立候補しようとしていると、意外な人が意外な選挙区を提供してくれた。

その人は旧知のウィンダム＝ルイスの夫人であり、選挙区はケント州のメードストーンであった。この選挙区は二人区で、それまで保守党のルイスと自由党のロバーツが立っていたが、ロバーツはこんどは立候補する意志がなかった。そこでディズレーリが推薦され、ディズレーリとの交渉をルイス夫人が引き受けたのである。かれは大喜びで即座に承諾した。

選挙演説はたいへんな人気であった。ロバーツが立たぬので一時は無競争と見えたが、投票日に近づいてから急進派の『ウェストミンスター評論』誌の編集長トムソン大佐が立候補した。七月二七日開票の結果は、ルイス七〇七、ディズレーリ六六八、トムソン五五九で、ディズレーリは当選した。かつてウィコム選挙区でかれを支持していた人々も、かれがついに栄冠を得たことを喜び、かれのために寄金を集め、町にイルミネーションをほどこした。

ルイス夫人は兄への手紙に「ディズレーリ氏はまたたくまに当代にもっとも偉大な人物の一人になるでしょう」と書いた。ディズレーリは新議会が開かれる前の一一月一二日の日記に書いた。

「健康状態が驚くほどよくなった。身近につながる心配さえなければ、病気を笑いとばしたいくらいだ。去年、うんと節制したから、神経組織がぐんと強くなった。わたくしはいま、見知らぬ海に向かって船出しようとしている。つぎの一二か月間にはなにが起こるだろう」

# ヴィクトリア姫

## ❖ケンジントン宮殿の朝

一八三七年六月二〇日の朝はやく、ウィンザー宮殿を出た一台の馬車が、まだほの暗いロンドンの街を、ケンジントン宮殿に向かって疾走していく。

馬車が広大なケンジントン宮殿の前にとまる。門がさっと開かれる。馬車が勢いよく走りこみ、正面玄関にとまる。馬車から僧衣の老人と宮内官の制服をきた人物がおりる。護衛兵の質問に「カンタベリー大主教ならびに侍従長コニンガム卿！」という答えがかえってくる。玄関が開かれ、二人は宮殿の奥深くへ消える。大広間にはいる。窓の外はもう薄あかりがさしているが、広間にはシャンデリアの灯がともされる。

やがて奥の扉がすーっと開き、髪を長くたらしたままで、純白のドレッシング－ガウンを寝衣の上にはおった少女がしずかに歩いてくる。広間の中央で立ちどまる。大主教と侍従長は片

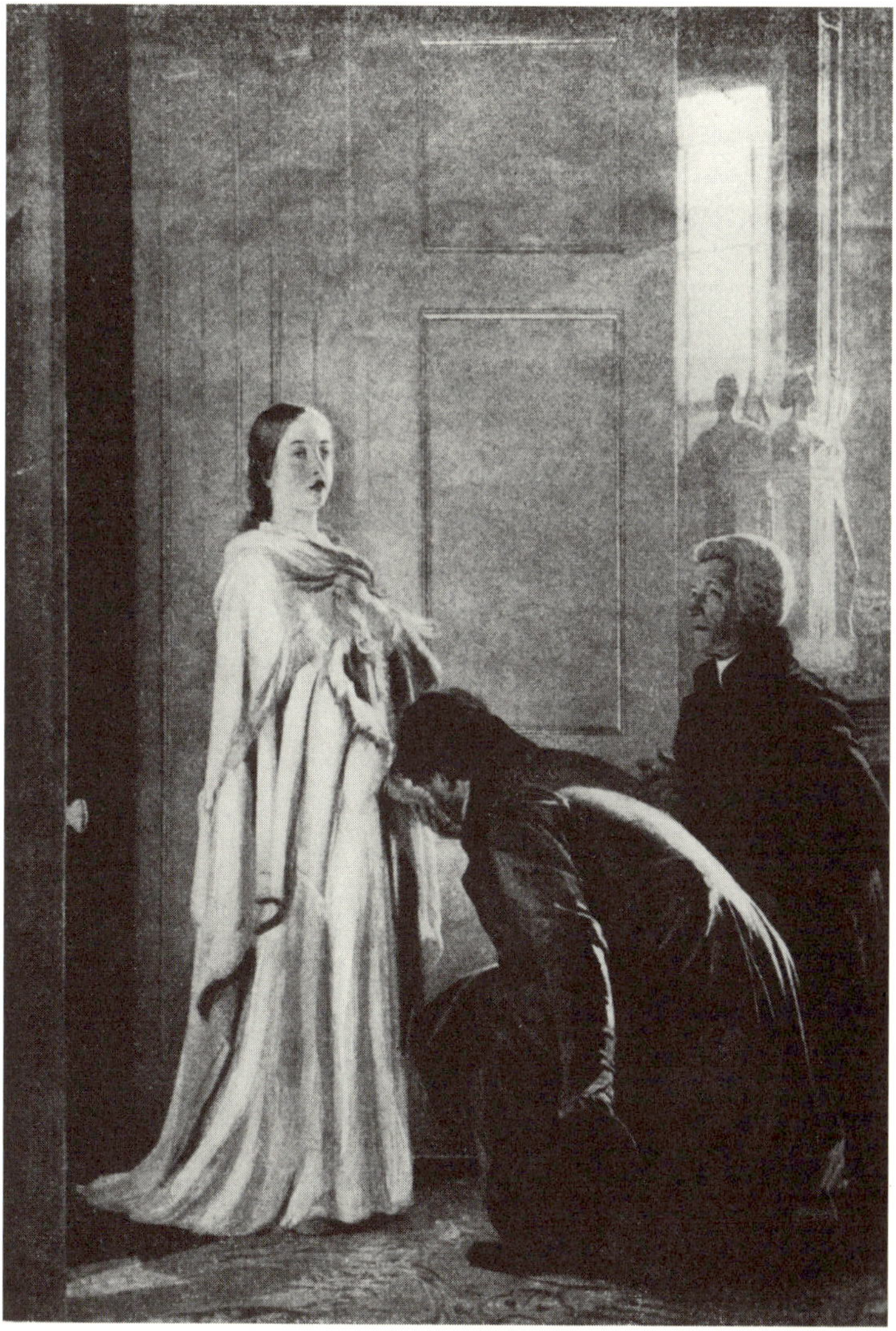

**ケンジントン宮殿の朝**

ヴィクトリアの女王即位を知らせるためにケンジントン宮殿に行った２人。女王に接吻しているのはコニンガム卿、彼女を見つめているのはカンタベリー大主教。

足をうしろにひいてひざまずく。侍従長は少女の差し出す手の指に、うやうやしく接吻して、
「国王が崩御されました。女王に栄えあれ！」
と低い声でいう。一八歳のヴィクトリア姫は、自分がイギリス王女になったことを知る。

## ❖複雑な王室系譜

新女王ヴィクトリアは、前王ウィリアム四世の弟ケント公エドワードの娘である。ところがウィリアム四世には兄弟が六人、姉妹が五人いた。これらの人々をさしおいて、姪《めい》のヴィクトリアが王位についたのには、複雑なわけがある。

一七六〇年以来王位にあったジョージ三世は、晩年、精神疾患をわずらい、一八一一年、四七歳の長子のジョージが摂政となっていた。かれには妾との間にできたたくさんの子があったが、正当な結婚による嫡子はシャーロットだけであった。しかし、彼女は父が王位につく以前、一八一七年に死んだ。

そこでジョージ三世の死後、摂政ジョージが即位するとしても、さらにそのつぎの王位は次男のほうへ譲られるはずであった。実際には、一八二〇年から三〇年までジョージ四世、一八三〇年から三七年までは三男のウィリアム四世が王であった。

シャーロットの死んだあとでは、正式な結婚をして嫡子をもつ王子にやがて王位がころがり

こんでくる可能性があった。そこで一八一八年、ジョージ三世の王子のうちクラレンス公、ケント公、ケンブリッジ公の三人が正式な結婚をした。

ケント公は北アメリカのイギリス軍に勤務し、元帥にまでなったが、ある失策のため辞職し、積もる借金のためイギリスにいたたまれなくなり、ベルギーにのがれて女優と同棲していた。イギリスの王位継承問題のことを聞いて、その女優と別れ、適当な結婚相手をさがした。見つかったのは、サクス-コーバーグ-ゴーダ家のレオポルドの姉マリア=ルイザ=ヴィクトリアである。一度ドイツの小邦ライニンゲンの公に嫁したが、夫と死別していた。かの女はケント公の求婚に応じた。

ベルギー初代の王
レオポルド1世
即位前のヴィクトリアの良い相談相手であった。

翌一八一九年五月二四日、ケンジントン宮殿で、はじめて嫡子が生まれた。女の子であり、母の名を与えられてアレクサンドリーナ=ヴィクトリアと名づけられた。ケント公は娘の誕生の八か月後に死んだ。そこでジョージ四世が即位したとき、クラレンス公が第一の王位継承者となったが、かれの子が幼児のうちに死んだので、アレクサンドリーナ=ヴィクトリアが第二の王位継承権をもつことになった。

## ❖姫君教育

ヴィクトリア自身の書いているところによれば、かの女はケンジントン宮殿で「たいへん質素に育てられた」。叔父のレオポルドは母ヴィクトリアのもっとも近い助言者の役をつとめた。かれは、一八三一年新生のベルギーの王となるまでイギリスに住み、アレクサンドリーナ＝ヴィクトリア姫はかれを訪問するのを楽しみにしていた。かの女は、父の兄弟姉妹とは疎遠になり、自分では、イギリスのハノーヴァー家の一員というよりも、ドイツのコーバーグ家の一員と思っていた。

母ヴィクトリアは、亡夫ケント公のつぎの弟であるカンバーランド公に王位継承権の順位を越されはしないかと心配しすぎた。またジョージ四世が死んだあと、子のないウィリアム四世よりも娘ヴィクトリアのほうに王位継承の資格があると主張したりしたので、娘アレクサンドリーナ＝ヴィクトリア自身から疎《うと》んぜられ、ウィリアム四世とのあいだもまずくなった。

姫自身はかなり激情的でわがままなところがあった。かの女の教育上に良くない影響を与えるというので、かの女が将来のイギリス女王であることは、かの女には知らされていなかった。言い伝えによれば、かの女が一二歳のとき、歴史の書を読んでいて、自分が女王となるべき身分であることを知って、びっくりして泣き出し、そのあとで、

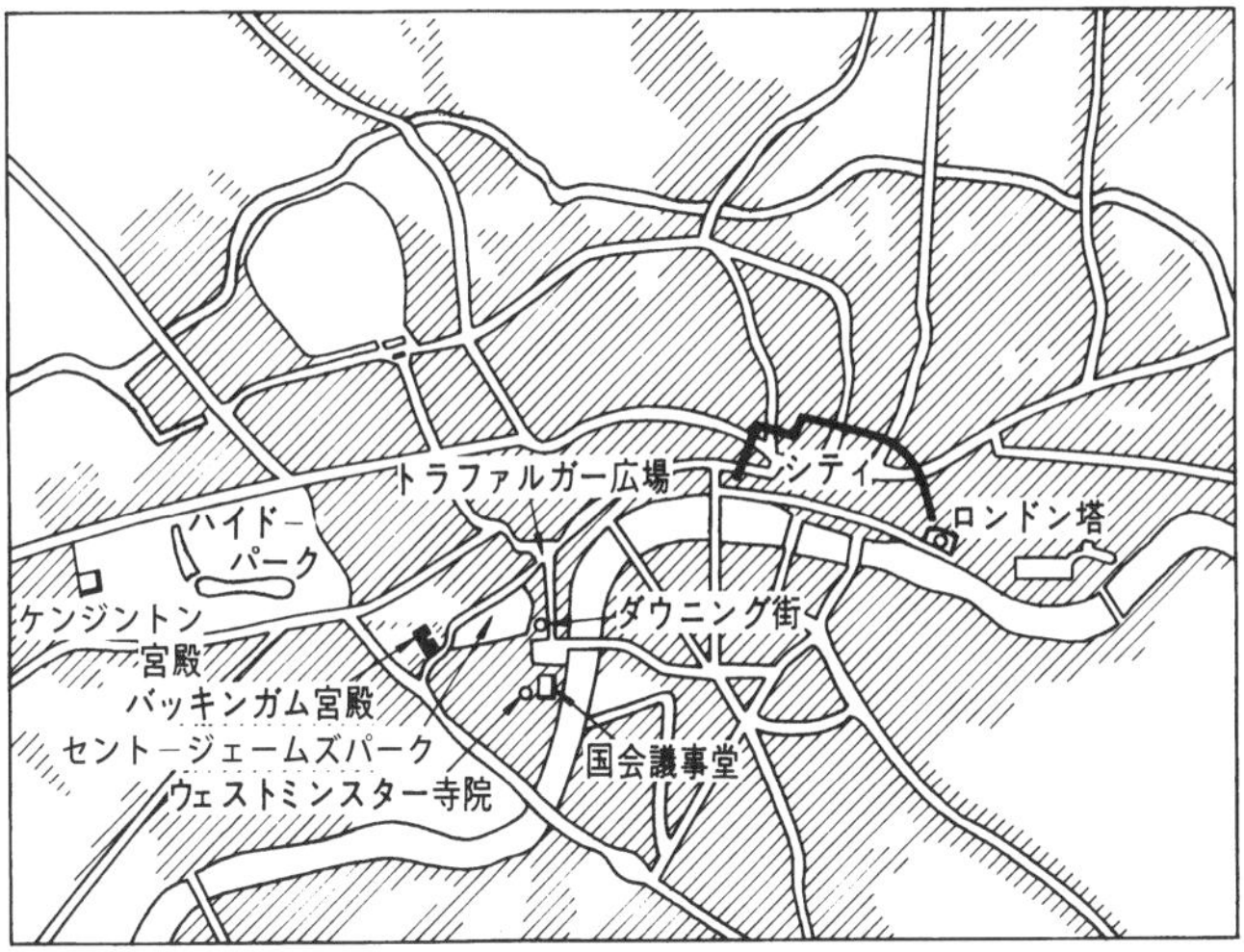

ロンドンの市街図

「良い子になりますわ」

とつぶやいたということだ。

それからまもなくかの女は日記をこまめにつけ始めた。その習慣は女王になってからも生涯つづいた。

## ❖ 異邦人

ところで、グラッドストン、ディズレーリ、ヴィクトリアという一九世紀のイギリスを代表する三人の若い日の伝記を読んで、なにか共通するものを感じないだろうか。

奴隷所有者の子、ユダヤ人の子、姫君のあいだにはまるで共通性がないように見える。しかし、純粋のイングランド出身でないところが共通しているのだ。三人はそれぞれ一〇〇年前にイングランドに併合されたスコットランド人の子孫、六〇年前にイングランドに移住したユダヤ人の子孫、ドイツ人の血が濃く、ドイツ的家庭に育った人である。

こういう異邦人を包みこんで国の代表的人物に育てあげていった、イギリスというるつぼの広さと深さが思われる。

# II

# 自由主義の戦い

# 三人が結婚するまで

## ❖新議員グラッドストン

ディズレーリが下院議員に当選し、ヴィクトリア女王が即位したのは、一八三七年であるが、グラッドストンはすでにその四年前に下院議員になっている。そこで少し時代をさかのぼって、まず新議員グラッドストンの活動をふりかえってみよう。

グラッドストンは一八三三年六月三日、植民地奴隷解放問題について下院で処女演説を行なった。このころ奴隷制度廃止運動がクライマックスに達し、奴隷制度廃止法案が下院に提出されていた。討論の過程で、ジョン＝グラッドストンの農園の奴隷使用状況がはげしい攻撃の対象にされたので、子のグラッドストンが弁護に立ったのである。

かれは奴隷制度は、おそるべき犯罪から発生したものであるから、けっして是認はできないものであり、いずれは廃止しなければならぬものではあるが、奴隷自身が自由を善用できるほ

**デヴォンシャー州のダヴィストック救貧作業院**
1830年代末、ギルバート=スコットが建設。

どに成長していないうちに解放するのは、植民地にとっても、国家にとっても、また奴隷自身にとってさえ、破滅的な災厄をもたらすとして、漸進的に解放すべきである、と論じた。

国民の政治的自由を漸進的にひろげるというのなら、保守主義の理論としていちおう存在しうるものであるが、奴隷制度の場合は事情がちがう。奴隷は奴隷であるかぎり自由を活用する準備はできないから、奴隷解放延期論は、結果的にはしょせん奴隷制度存続論である。かれの議論の内容はこういうものではあったが、イギリス議会では新議員の処女演説は好意をもってむかえるという慣習があり、また、かれが学生らしくきまじめな態度で論じたので、演説は与野党を通じて好評であった。

グラッドストンはホイッグ政権の出すたいていの法案に反対したが、一八三四年の新しい救貧法には賛成した。イギリスでは絶対制時代に救貧法がつくられ、貧民救済がはかられていたが、ナポレオン戦争以後、その費用が巨額にのぼった。またこの法は下層民の労働意欲を弱め、怠惰にさせるきらいがあった。

さらに資本主義経済の発展に必要な労働力の移動を阻害した。

そこでホイッグ内閣は、財政の節約・怠惰の追放・労働力移動の容易化のために新救貧法を提出した。新しい法では、低賃金の補いとして労働者に慈善的な給与を与える制度はなくなり、給与を受けるのは老人と病人に限られ、労働能力のある貧民は、救貧作業院にはいることを義務づけられた。権利が縮小されたことについて下層民、労働者は怒った。

一八三四年七月、老首相グレー伯が引退したあと、メルボーン子爵の内閣が成立したが、半年間で総辞職し、一一月保守党のロバート＝ピールの内閣が成立した。

ピールはただちに総選挙を実施したが、選挙戦の最中に「タムウォース宣言」によってトーリー的保守主義からの脱皮を発表して、一八三二年の選挙法改正を是認した。保守党は大勝し、グラッドストンも当選した。このとき、三回目の落選をしたディズレーリは姉への手紙のなかで、「若いグラッドストン」のことをうらやましそうに語った。

### ❖植民省の責任者

かねてからグラッドストンの才能に注目していたピールは、組閣したときかれを国家財政委員に任じたが、総選挙後は植民政務次官に任命した。総選挙で植民政務次官が落選したからであった。

植民相のアバディーン伯は上院議員であった。イギリスでは、現在でもそうであるが、大臣は自分の所属する院以外には出席できなかったので、次官のグラッドストンは下院における植民省の責任者であった。

ピール首相は、グラッドストンが植民地奴隷の所有者かつ貿易商人である人物の息子だから、所管事項に対する関心が深く、知識をもっていると見込んだのである。グラッドストンはただちに植民地問題の研究にとりかかり、その方面では国会議員中でも有数の人物となった。

議会の会期が始まってから二か月後、自由党の下院指導者ジョン＝ラッセル卿は、アイルランド国教会の教会収入を国教会以外の目的に充当せよという決議案を出した。アイルランド人はカトリック教徒であるにもかかわらず、アイルランドのイングランド国教会に税を収めなければならず、アイルランド人はかねてからこれに反対していた。

自由党は税の廃止にまではふみ切らなかったが、国教会の収入を国教会以外の目的に使うということ、事実上はアイルランドのためになる別のことに使うことを主張したのである。

後年、アイルランド人のために奮闘するグラッドストンも、国教会主義に修正を加えることは、国教会制度に打撃を与え、真の信仰を傷つけるものであるとして、反対演説を行なった。

しかし結局決議案は可決され、四月、ピール内閣は総辞職した。

そのあと自由党の第二次メルボーン内閣が成立し、三二年の選挙法改正の精神をとりいれた都市団体法の制定や、教会の手をへない民事結婚の合法化など、内政面に成果をあげた。

## ❖首相にあこがれる若い女王

ヴィクトリア女王の即位は、この内閣の時代であった。若い女性が君主となったことは、ロマンティックな印象を与えて人気があった。一八世紀の初め、ドイツのハノーヴァー家からイギリス王が出てから、ドイツのハノーヴァーはイギリスと同君連合の関係にあったが、中世以来のドイツのサリカ法典によれば、女子の継承権はみとめられていないので、イギリスとハノーヴァーの君主は分かれ、ハノーヴァーは、ウィリアム四世の弟カンバーランド公アーネスト（ドイツ名エルンスト）の手に渡った。

イギリスの王室が大陸にも領土をもっていると、オーストリア継承戦争・七年戦争・ナポレオン戦争の例でもわかるように、戦争に巻きこまれやすいから、ハノーヴァーを手離したのはよいことであった。新女王はバッキンガム宮殿に移転したとき、母の干渉を遠ざけるために、母の部屋を宮殿の遠くのほうへ割り当てた。それまでの側近の大部分を遠ざけ、好きなレオポルドに対してすら、今後イギリスの政治を議論するのはやめてほしいと警告した。

ヴィクトリア女王の戴冠式（1838年）　H. T. ライアルの石版画

メルボーン首相は若い女王の師の役をつとめ、王宮で大部分の時をすごして、首相のほかに女王の私設秘書のようにふるまった。かれは女王に、かわることのない、万事をのみこんだ献身をささげ、女王のほうでもメルボーンとその党に深い親愛の情を示した。かれはこのような親密さを利用して、イギリス憲法の基本原理を女王に印象づけた。

## ❖ディズレーリ議員の処女演説

新下院議員ディズレーリは、一八三七年一一月五日に初めて下院に姿を現わし、一か月後の一二月七日にはもう処女演説を行なった。

テーマは、アイルランドの選挙で不正が行なわれたというものである。アイルランド党議員は演説の前から、かれらの指導者オーコンネルに対するディズレーリのかつての言動について仇を討とうとかまえていた。

派手で一風かわった服装をしていたディズレーリは、オーコンネルの寄附金募集をさして「堂々たる托鉢《たくはつ》である」といって満場を笑わせ、アイルランドでは「選挙区売買の色がますます濃厚で、陰険になっている」と難じた。アイルランド党議員はののしったり、床をふみならしたり、笑い声をあげたり、猫の鳴き声をまねて妨害した。かれの演説はききとりにくくなった。かれは野次に対抗して論を進めたあと、最後に大声で、

「いま私は着席する。しかし、諸君が喜んで私の演説をきく日がきっと到来するのだ（I will sit down now, but the time will come when you will hear me.）」

と叫んだ。この予言はのちに実現したので、このことばは有名になっている。

### ❖同僚の未亡人と結婚

ディズレーリが処女演説をしてから三か月後、選挙区を同じくするウィンダム゠ルイスがとつぜん病死した。かれは長い手紙を未亡人すなわちメリー゠アンヌ゠エヴァンズに送って、かの女をなぐさめた。その後もときおり訪問して、さびしさをまぎらわしてやった。

かの女はディズレーリより一二歳も年上であったが、子どもがなく、莫大な遺産があるようだった。そこで、ディズレーリが金目当てで、かの女と結婚しようとしているという噂が立ち、それをかの女に忠告したおせっかい屋もいた。ディズレーリは他人のおもわくなど気にしない。かの女につぎのような手紙を送っている。

「わたくしは、へんな気分で、うっとりしながら日夜をすごしています。あなたをこの腕に抱くまで、とうてい気が落ちつきません。わたしがこの手紙を書くのは、あなたがおいでになったとき、手袋をはめずにいることをお願いするためです。そうすれば、あなたがわたくしのそばにお立ちになると、あなたのおかあさまが馬車からおりるのをお助けするように、わたくしはあなたのやわらかでしなやかな手をにぎり、感じるでしょう。わたくしは失望して気を失いそうなことを心にとめてください。……一〇〇〇と一〇〇〇のキッス。もっと、もっと、来てください、来てください」

ディズレーリは、夫の死後半年のメリー=アンヌに求婚した。かの女は、

「一年待ってください。そのあいだにあなたをよく研究

メリー=アンヌ=ディズレーリ
J. G. ミドゥルトン筆

しますから」

と答えた。

そのうちに二人のあいだをやっかむ連中のじゃまだてなどのため、二人のあいだがつめたくなりかけた。とうとう口げんかになった。ディズレーリはかの女に手紙を書いて、

「はっきりいいますが、わたくしがあなたにはじめて近づいたときには、ロマンティックな感情からではありません」

と、金のためであることをずばりといってのけ、かの女の財産はたいしたものではないから、かれの益にならぬといい、最後をつぎのような文でしめくくった。

「これから数年のあいだは、あなたも軽薄な連中からちやほやされることでしょう。しかし、あなたが真の愛情のある心を求めてためいきをつき、しかも真実のある心を見つけることができなくて失望するときがくるでしょう。そのときになってはじめてあなたは、あなたが苦しめた純愛の人、あなたが裏切った天才を思い出すことでしょう」

こういう手紙を受けとったら、たいていの女はたちまち陥落するだろう。かの女はちょっと考えたうえで仲直りをした。一八三九年八月二八日、二人はセント・ジョージ寺院でひっそりとした結婚式をあげた。かれが三五歳、かの女は一二歳も年上の四七歳であった。かの女の財産は実際は莫大なものであった。

### ❖夫妻人格対照表

メリー＝アンヌは教養はないが、ディズレーリに深い愛情をもち、献身的であった。結婚後まもなく、かの女はディズレーリと自分とを比較して、つぎのような表をつくった。上段が夫、下段が妻である。

| | |
|---|---|
| すこぶる冷静 | たいへん激しやすい |
| 態度は壮重、ほとんど悲愴 | 話しているときは陽気でしあわせそう |
| けっして怒らない | 怒りっぽい |
| 愛嬌がない | 愛嬌がある |
| 恋愛では温かだが、友情では冷やか | 恋愛では冷やかだが、友情では温か |
| 辛抱強い | 少しも辛抱しない |
| すこぶる勤勉 | すこぶる怠けもの |
| すこぶる寛大 | 好きな人にだけ寛大 |
| しばしば心にもないことをいう | 心にないことはけっしていわない |
| だれが好きで、だれが嫌いかは、態度からはわからない | 態度がまるでちがう。好きな人には気持をあらわす |

虚栄心がない
うぬぼれが強い
利己心がない
めったにおかしがらない
かれは天才である
かれはある程度まで信頼できる
かれの全霊は政治と功名心に集中

虚栄心が大いにある
うぬぼれが少しもない
すこぶる利己的
なにごとにもおかしいと感ずる
かの女はお馬鹿さんだ
かの女はけっして信頼できない
かの女は功名心がなく、政治をひどく嫌う

## ❖頑固な国教会主義

こんどはグラッドストンのこと。

ピール内閣総辞職とともに植民次官を辞職したグラッドストンは、しばらくは自由な読書と思索の時間をもち、翌一八三八年『教会との関係における国家』という著述を発表した。その論旨は、国家は、人間と同じように良心をもたなければならない。そしてその良心は宗教的なものでなければならぬ。国家は個人の場合と同じく、一つよりも多い良心をもってはならない。国教会は、イギリス国家の一つしかありえない良心である、というのである。

多くの人々がこの書をほめたが、ピールはページをパラパラとめくって、

「あの青年は、こんなくだらんものを書いていたら、政治家としての輝かしい生涯をだめにしてしまうだろう」

といった。

### ❖失恋また失恋

グラッドストンも人の子である。こちこちの議論ばかりをしていたわけではない。植民政務次官を辞任したころ、ある会合で同席した美人にひと目ぼれをした。その娘は由緒《ゆいしょ》ある従男爵サー=トーマス=ファーカーの長女で、たいへんな美人であった。イートン校時代の友人の妹

グラッドストン

キャサリン=グラッドストン

であり、社交界でも人気があった。

堅物のグラッドストンは美人に心をひかれたことに気がとがめたらしく、「肉的美しさというものは、それに払われる尊敬が、知的・道徳的美しさに対して払われる尊敬よりも下まわるかぎり、まことに善きものであるという結論だ」という理屈をつけて、従男爵の領主館へ出かけた。だが「アイ・ラブ・ユー」ともなんともいわず、自分の宗教観を話したり、ダンスパーティーなどの娯楽は信仰生活には合わないと主張しただけであった。

ロンドンに帰ってから、こんどはやり方をかえ、父親の従男爵に手紙を書いた。しかし、こんども令嬢のことにはちょっとふれただけで、自分の宗教観や政治観をとうとうと論じた。先方にとっては、そんな議論をしなくても、政務次官までつとめた人物が、将来有望であることはわかっていた。従男爵夫人は、最愛の娘を奴隷所有者の息子のところへはやりたくなかった。

令嬢は書いた。

「ミスターーグラッドストンの宗教観は、わたしががまんできる限度をこえて、厳格なのではないでしょうか。わたしが別に悪くはないと思っているいろんなことが、あの方には悪いと思われるのです。もしわたしがあの方と結婚するとすれば、万事あの方と同じ考え方をすることを決心しなければならないでしょう」

かれはまだあきらめない。こんどは令嬢の兄貴にぶつかった。見当ちがいの攻め方をされて弱った兄貴は、

「君のやるべきことは、まずかの女の愛を得ることだぜ」

としごくあたりまえのことをいった。

「彼女の持参金はたった五〇〇〇ポンドだぜ」

ともつけ加えた。

ふられたグラッドストンは、結婚観でも娯楽観でも妥協しなかったばかりか、これから現われる花嫁候補者はきっといろいろな娯楽をもっているだろうから、宗教的見地から許される娯楽と許されない娯楽を、あらかじめはっきりさせておく必要があるというわけで、娯楽を三九項目に細分して、その一つ一つを検討してみた。かれにとっては結婚生活は宗教生活であった。

一年半ほどたって、モートン伯爵の令嬢を好きになった。こんどは伯爵夫妻は反対しなかったが、令嬢がかれを好きにならなかった。仲介の労をとったラムゼイ師夫妻は、失敗したのは、かれがあまりに性急であり、かつ厳格すぎる倫理観をもっているうえに、相手のほうが平凡な娘で、かれのえらさが見抜けないからだといった。ラムゼイ師夫人はグラッドストンへの手紙のなかに書いた。

「あなたの精神は比類なく豊かですから、あなたの未来の伴侶は、特別に才能のある人でな

ければなりません。さもないとあなたは精神の孤独をあじわうことになるでしょう」

グラッドストンは一八三八年の八月のなかごろ、外国旅行に出かけ、ローマでグリン家の人々と知りあいになり、たいへん親密になって、いっしょにイタリア旅行をした。グリン家には二人の娘がいたが、グラッドストンは姉のキャサリンを好きになった。一八三九年一月三日の月夜、ローマのコロセウムを見物しているとき、キャサリンがたまたま家族からはなれていたので、チャンスとばかり愛をうちあけた。

かの女は返事もせずに歩み去った。「またふられたか」とがっかりしながらも、かれはかの女に手紙を書いた。かの女は返書で、

「わたくしは尊敬と友情をこめてあなたをみていますが、あなたのお手紙にあるような申し出を承諾するには、その前に、もっと温かいフィーリングが必要であることを知らねばなりません」

とたしなめたうえで、今後交際をつづけることを承諾した。その月の終わり、グラッドストンはロンドンに帰った。

### ❖ジャマイカ問題

グラッドストンは黒人奴隷に関係する問題にまたまたかかわった。

19世紀のイギリスの選挙風景
フランスの『ラーモード』紙より

それはジャマイカ問題である。かつて西インド諸島のジャマイカ島は、砂糖の栽培に三〇〇万の黒人奴隷を使って繁栄した。しかし、一八〇七年の奴隷貿易の廃止によって、農園主が労働力を維持するための費用がかさみ、また、ナポレオン戦争が終わってから、砂糖の値段が下がったので、経営が苦しくなり、ロンドンの仲買人に負債ができてしまった。

一八三三年の奴隷解放は農園経営にとって新たな打撃であった。奴隷は事実上はいわゆる徒弟時代をへてのち、ようやく一八三八年になって解放された。農園主は奴隷一人につき一九ポンドの賠償金を得たが、その大部分は債権者の手に流れ、農園主は財政困難と労働力の不足に悩んだので、以前奴隷であった黒人を救済するための人道的施策を妨げた。

本国政府はジャマイカに干渉するために五か年間、ジャマイカ憲法を停止しようとした。本国政府のこのような態度は人道的には正しいものであったが、グラッドストンは下院で反対演説を行ない、ジャマイカ憲法を停止したならば、英帝国のすべてのイギリス臣民の信頼を傷つけるといった。

ここで問題となっているのは、原住民の人権と、植民地の自主性（自由）という、二つの価値の衝突である。本国は、植民地原住民の人権を守るために、植民地の憲法を一時停止して介入しやすくしようとし、グラッドストンは、黒人の人権に犠牲をはらわせても、植民地の自由を守ろうとする。

しかし、その自由は、植民地の白人のあいだだけに通用するものであった。

第二次世界大戦後、イギリス本国が英連邦内にあった南アフリカ連邦における人種隔離政策（アパルトヘイト）を非難し、同じく人種差別政策の激しい南ローデシアに対して、圧力をかけた。イギリス本国が自治領の自由よりも、原住民の自由をより重く見たものであり、これと似た見地から一九世紀のジャマイカ問題を評価すべきであろう。

ともあれ、政府の措置は五票の差で支持されたが、メルボーン首相は、支持勢力が弱体化したと見て、五月七日、辞表を出した。

### ❖寝室女官事件

まだ一九歳の女王は、メルボーン首相と親しくなり、すっかり自由党びいきになっていたので、内閣総辞職をたいへん残念がった。女王は後継首相の地位を、保守党の長老ウェリントンに依嘱したが、上院議員は首相となるべきでないという理由でことわられ、同じく保守党のピールに再度の組閣を命じた。

少数党によって内閣を組織しなければならぬピールは、前の自由党内閣と関係の深い人物を夫にもつ女官たちが辞職することを、組閣の条件として要求した。それまで国会議員であった宮内官は、反対党の内閣ができたときには、宮内官を辞職するという慣行があったので、君主が女王の場合であるから、妻のほうが辞職するというのは、論理上当然のことであった。

しかし女王は涙を流してこれをことわった。ピールは女の子に泣かれて弱ったが、憲政上の慣行を拒否されて、妥協するわけにはいかず、組閣をことわった。

ヴィクトリア女王はメルボーンに辞職を思いとどまるようにたのんだ。メルボーンは、女王の話ぶりから、ピールが女官全部をやめさせよといったと思いこんで、留任を承諾した。

辞表を出した大臣は君主に助言をしない、という慣行があったにもかかわらず、メルボーンが五月七日に辞表を出したあと、同月一〇日に女王に助言しているのは、非立憲的で

治世初期のヴィクトリア
P. E. デメゾンの彩色石版画

あった。女王の態度も感情的で頑固であった。

## ❖ふられ男ついに成功

グラッドストンはグリン嬢との交渉が遅々として進まないのにいらだっていた。六月六日、いっさいを父にうちあけ、これ以上宙ぶらりんの状態にいるのはたえられないと語った。

二日後、シェリー夫人のもよおしたガーデンパーティーで、グリン嬢は正式に婚約することを承諾した。そのとき二人は川のほとりを散歩していた。グラッドストンは、自分はほんとうは聖職者になるべきであったが、今となっては、政治家の道を歩み、政治を真にキリスト教的なものにしたいと思っていると語った。かの女は、

「わたしはあなたのご本から、たくさんの個所を筆記しました。ハートによってそれを学ぶために」

といった。それから、かれが目上の人に対して使う「サー」という呼びかたは、自分たちの階級ではもうすたれていると注意した。商人社会の出身であるかれには、こういうこともわからなかったのだ。グラッドストンの性格の欠陥を補うことのできる能力と人間性をもつ女性が、ついに見つかったのだ。

チャーティストのデモ

結婚式は七月二五日に行なわれた。その翌朝、二人は聖書をいっしょに読み、結婚生活の最後までこの習慣をもちつづけようと話しあった。

## ❖裏切りを怒るチャーティスト

一八三七年から四二年までは不況がつづき、労働者の動揺が見られた。一八三二年の選挙法改正が、自分たちに選挙権を与えなかったことに幻滅を感じた労働者は、工場法改正、労働組合合同、新救貧法反対などの闘争をへて、しだいに尖鋭になり、大規模な政治運動を行なうようになった。

一八三八年、急進派の議員と、労働運動の指導者が会合して議会の民主化を要求する請願書をつくった。それは、男子普通選挙権・秘密投票・選挙権の財産資格廃止・下院議員有給制・平等選挙区制（人口数にもとづく選挙区制）・毎年召集される一年任期の議会の六か条からなり、のちに人民憲章《ピープルズ・チャーター》といわれた。これらの条項の実現を期する運動をチャーティストと呼んだ。

六か条は、こんにちから見ればしごくあたりまえのものであり、最後の項目以外はどれも一九世紀末から一九一八年までに実現したものばかりであるが、一九世紀の三〇年代や四〇年代には、その大部分がきわめて急進的な要求と思われていた。もっとも一八三八年、財産資格は動産をも含むことと改められた。

一八三八年、チャーティスト運動は全国にひろがり、各地で大集会やタイマツ行進が行なわれた。翌三九年、ロンドンで全国大会が開かれ、約一〇〇万人が署名した請願書が議会に提出されたが、二三五対四六という大差で否決された。暴動が軍隊によって弾圧され、穏健派が運動から脱落した。そのあとも、急進派の一部は、ウェールズのニューポートの獄をおそって、収容されているチャーティスト指導者を奪還しようとした。そこを警官隊が射撃し、二〇人の死者が出た。

チャーティスト運動は寝室女官事件をも取り上げて、反政府宣伝の絶好の材料とした。もっともかれらが議会に提出しようとした請願書の署名のなかには、「ヴィクトリア女王」というのもあった。いたずらであることはいうまでもない。

一八四二年にも約三〇〇人が署名した請願がなされたが、二八七対四九でこのたびも否決された。ディズレーリは、一八三九年から翌年にかけてチャーティストが陳情や紛糾《ふんきゅう》をくり返していたころ、議会の討論で、労働者階級の悲惨な状況の改善を主張した。そこにはかつての急進派的色彩はなかった。

### ❖いとこどうしの結婚

ヴィクトリア女王は即位の翌年、一八三八年六月二八日、ウェストミンスター寺院ではなやかな戴冠式を行なった。

かの女の夫となるアルバート親王は一八一九年八月二六日生まれだから、ヴィクトリアより三か月だけ年下である。ドイツのコーブルク（英語ではコーバーグ）近くのローゼナウで生まれた。父エルンスト一世の妹がヴィクトリア女王の父と結婚したから、二人はいとこどうしだ。

アルバート公

アルバートやかれの兄は、ボン大学で学び、一八三六年、ケント公の未亡人を訪問するため、父につれられてイギリスにやってきた。アルバートにもヴィクトリアにも伯父に当たるベルギー王レオポルド一世は、ヴィクトリアの即位前から、将来二人を結婚させるという計画をいだいていた。しかし、イギリス王ウィリアム四世はこれに反対で、オランダのオレンジ公アレクサンダーをヴィクトリアの夫にすることを望んでいた。

アルバートは憂鬱《ゆううつ》になった。だが、かれの教育係であり、レオポルドの以前の顧問であったシュトックマー男爵とイタリアで一冬をすごしたのち、三九年一〇月イギリスにもどった。そのあとヴィクトリアとの結婚話が順調に進み、婚約となった。かれは自分の前途は「高貴であり輝かしいものであるが、いばらにおおわれた」ものであることをさとった。翌年二月一〇日結婚式があげられた。

ヴィクトリアは、はじめ夫アルバートはイギリスの政治にいっさい関与すべきでないと主張していたが、メルボーン首相がくりかえし勧告したので、半年たたぬうちに、アルバートが急送の公文書を見はじめることを認め、つぎには女王が大臣に会うときに同席することを認めた。これが慣例となり、やがてヴィクトリアがはじめて妊娠したとき、アルバート公は「機密文書のカギ」を受けとった。

女王はアルバート公の影響で、ロンドンの生活がきらいになり、また以前の味方の党派の人々を遠ざけるようになった。

アルバート公の地位は憲法上なんの定めもないものであったが、高い教養と識見によって女王に指導的影響をおよぼし、国民のあいだにもしだいに信望を高め、一八五四年、プリンス＝コンソート（女王の夫君である公）の称号を得た。

# 自由貿易への歩み

## ❖「井戸に毒を投げ入れてもよい」

一八三九年はアヘン戦争の起こった年でもある。中国では対外貿易が独占商人の手にあり、かつ貿易港が広東にかぎられていたのに対し、イギリスは自由な貿易を望んでいたことが、この戦争の遠因であるが、直接の動機は、イギリス商人が密輸入したアヘンを、中国官憲が没収したことである。

三九年一一月、イギリスは武力行動を開始し、中国の沿岸や揚子江（長江）流域の各地を攻撃した。翌四〇年四月八日、グラッドストンは議会で演説し、正義は中国側にあるとし、「開明され、文明をもつキリスト教徒であるわれわれが、正義にも宗教にも違反する目標を追求している」

とのべた。かれは中国側の抵抗を弁護しようとするあまり、ついうっかりと、

「中国人はイギリス人に抵抗するために井戸に毒を投じてもよい」

という意味のことばを使ったので、激しく非難された。この点はかれが弁明したが、自由党は非難の手をゆるめず、パーマストン外相は、グラッドストンは野蛮な戦闘方法を弁護するものであると非難した。

ともあれ、グラッドストンの演説は、かれが長い政治生活のあいだに主張しつづける侵略主義反対の最初の表明であった。

こののち十数年たって、フランスを加えたイギリスの、第二の中国侵略戦争であるアロー戦争が起こったとき、イギリスの新聞が、中国人の抵抗の仕方が野蛮であると非難したのに対し、一八五七年、カール＝マルクスはつぎのようにいっている。

「中国人はまったく冷静に、そして計画的に香港のヨーロッパ人住宅で、大量のパンに毒を仕込んでいる。中国人は武器をかくして商船にのりこみ、航海中に乗組員やヨーロッパ人の船員をみな殺しにして船をうばっている。……民族戦争においては、蜂起した民族がもちいる手段は、いっぱんに認められている正規の戦争遂行法則、もしくはその他なんらかの抽象的な標準の観点からではなく、ただ蜂起した民族が到達した文明の程度からのみ評価すべきである」

中国人の抵抗の野蛮さについてのマルクスの弁護は、すでに十数年前に、グラッドストンがなしたのと似ている。

## ❖関税改革

一八四一年八月、第二次ピール内閣が成立するとき、グラッドストンは大臣となることを期待し、とくにアイルランド事務大臣になることを希望していたが、割り当てられたのは、商工次官というポストであった。

ピール首相の考えでは、頑固な国教会主義のグラッドストンは、カトリック教徒の多いアイルランドにはむかないというのであったろう。また神学の問題なんぞに頭をつっこんでいるこの青年政治家を、実生活に関係が深く、実行力が要求されるポストにつけて、頭の切りかえをやらせようとしたのであろう。グラッドストンはもともと実業家の子弟であるから、新しい職務をうまくこなしていくだろうとも考えた。ピールの判断は正しく、やがて偉大な財政家が生まれるのである。

新内閣の閣僚の下馬評のなかでは、ディズレーリの名もしきりにあげられていたが、いつまでも呼びだしがこないので、かれはピールに手紙を書いて、大臣としてくれることを懇願した。その前夜、メリー＝アンヌも夫にないしょでピールに手紙を書いて、夫の入閣をたのんだが、ピールは冷淡な返事を書いただけであった。

グラッドストンも次官にすぎなかったので失望したが、商相のリポン伯爵が上院に議席をもっているので、下院に重点のあるイギリス国政では、次官のグラッドストンの役割が大きかった。

かれは異常な研究心をもって職務に精励し、関税の引き下げあるいは廃止を広汎に行なう一八四二年の改正関税法案を作成するときは、中心になって働いた。

かれが下院において一二九回も演説したあとで、法案は成立し、七五〇品目の輸入商品の税率が削減または廃止された。こうして自由貿易主義への道が開かれていった。かれは、外国商品の輸入を廃止すべきでなく、工業原料の関税は名目程度の低額にすべきであると考えた。

翌四三年、グラッドストンは三三歳で商相となった。いまの日本でいえば通産大臣というところである。大臣としてのかれは、産業革命後期にあらわれた不健全な鉄道投機をおさえるために株式会社統制法を成立させ、また、運賃の値下げや施設の改善について、国家の干渉権を認める鉄道法を成立させた。

## ❖奇妙な辞職理由

一八四五年、かれはおかしな理由で辞職することになった。原因はアイルランドの教会制度に関係したことであった。

ピール首相は、アイルランド人に対する宥和《ゆうわ》政策に熱心であったから、アイルランドにおけるカトリック僧侶の教育を目的とするカレッジへの補助金を、九〇〇〇ポンドから三万九〇〇〇ポンドに増額して、このカレッジの基礎をかためようとした。

グラッドストンは、この施策は正当であり、かつ賢明なものであると承知しながらも、割り切れないものがあった。というのは、この施策は、国家に二つ以上の宗教を援助する権利と義務を認めるものであるから、七年前にかれが著書のなかでのべたこととはくいちがう。したがって自分が内閣にとどまるのは適当でないというのである。

かれは下院で、一時間もかけて辞職理由をのべたが、聞いているほうでは変な感じがしただけであった。かれは頑固な国教会主義でありながら、現実をみて自由主義に妥協し、しかも主義との矛盾のゆえに、所管外のことについて極度に厳格な進退をしたわけである。

ロバート=ピール
P. E. デメゾンの石版画

### ❖「二つの国民」

ところで、ピール首相と初めから閣外におかれたディズレーリの仲もまずくなった。ピールが産業資本家の利益を代表するのに対し、ディズレーリは、地主貴族を尊重するとともに、工場経営者の圧力から労働者を保護しようという、複雑な政見をもっていた。

このようなかれの新しい政治ヴィジョンを中心として、ケンブリッジ大学を卒業してまもない三人の保守党の貴族が集まった。このグループを世間では「青年イングランド」と称した。かれらは下院でピールの政策を痛烈に批判し、皮肉った。

一八四四年、ディズレーリは『コニングスビー』という政治小説を発表し、翌年『シビルすなわち二つの国民』を発表した。チャーティスト運動や労働者の惨状をえがき、イギリスは互いの交わりも共感もない「富者」と「貧者」という二つの国民からなると諷刺した。同じ年フリードリヒ＝エンゲルスが『イギリスにおける労働者階級の状態』を発表して、社会主義による解決を主張した。

### ❖「入浴中に衣服をかっぱらった」首相閣下

四〇年代なかごろは、自由貿易運動のピークである穀物関税廃止問題がやかましかった。穀物関税は地主貴族には有利であるが、これによって生活費の低落が阻止されることは、労働者や、労働者に賃金を支払う資本家にとってつごうが悪かった。

一八三七年に始まった不況のなかで、翌三八年マンチェスターの産業資本家、リチャード＝

コブデンやジョン=ブライトが、マンチェスター穀物法反対連盟を結成した。連盟はつづいて各地に結成され、一八三九年、全国的な穀物法反対連盟が成立した。かれらは穀物関税廃止によって生活費が安くなるばかりでなく、貿易競争に勝つことができると宣伝した。

穀物法廃止法案はほとんど毎年議会に提出されながら、そのたびに否決されていた。一八四五年からアイルランドで、アイルランド人が常食としているじゃがいもの凶作がつづき、きわめて多数の農民が餓死し、四五年、イングランドの穀物も不作となることが予想された。

ジョン=ブライト

第一次内閣以来いろいろな関税を廃止していたピール首相も、保守党議員に地主貴族が多かったので、穀物法の廃止には賛成しなかったが、不作の現状をみて、党の政策に反して、穀物法廃止論に転向した。それと前後して野党の自由党の党首ラッセルは自由貿易への転向を宣言した。

有力な閣僚である植民相スタンレー卿（のちのダービー卿）が廃止に反対して辞職したので、四五年一二月ピール内閣は総辞職をきめた。しかし自由党のラッセルが組閣に失敗したので、ピール内閣は留任し、グラッドストンは植民相となった。

**穀物法擁護への諷刺**

この漫画には、次のような文がついている。「ダービー伯いわく“さて、お立ち合い。ちったあ、わしらを助けてくんないか。関税が5シリングとおっしゃいますがね。値上げはパン1本だけなんでさあ”」

組閣以外のときに大臣になった者は、選挙の洗礼を受けるという慣行にしたがって、かれはいったん下院議員を辞職した。しかしかれの後援者であるニューカッスル公もニューアークの選挙民も保護貿易論者であったから、グラッドストンは立候補をあきらめ、下院に議席をもたぬ大臣となった。

ディズレーリは、下院で穀物関税廃止に転向した自党の首領であるピール首相を、激しく非難した。自由党の政策をまねた点を皮肉って、「……首相閣下は自由党員の入浴中に忍びよってかれらの衣服を持ち去った」ともいった。

別の機会の反対演説では、

「わたくしが反対するのは、自由貿易ではない。自由輸入である」という名言もはいた。イギリスだけが関税をなくしても、相手国がなくさなければイギリスだけが困る、ということをいったのだ。

ピール改造内閣は、四九年以降は輸入小麦一クォーターにつき、わずか一シリングの名目的関税を課するにとどめるという法案を議会に提出した。ピールおよびその支持者と、保守党内のディズレーリら保護貿易論者のあいだに激しい論争が起こった。

五月一六日朝四時、法案の採択が行なわれ、九八票の差で可決された。保守党員の賛成は三分の一にすぎなかったが、自由党と急進派が廃止賛成にまわった。上院のほうも、ウェリントン公が保守党議員を説得したので、六月二九日、法案は通過した。

この日、アイルランドに対する新しい弾圧法案に対して、保守党の保護貿易論者と、自由党および急進派が反対し、法案は七三票の差で否決された。こうしてピール内閣は懸案の穀物関税問題で勝利した日に、穀物関税廃止についてかれの恩恵を受けた人々の「裏切り」にあったのである。内閣は総辞職し、自由党のラッセル内閣が成立した。

保守党は分裂状態であった。ピールの支持者はピール派としてかたまり、一八五〇年、ピールが死んだのちも、結束をたもっていた。

# Ⅲ

# 保守党の暗い谷間

## 不安定な連立内閣つづき

### ❖パーマストンの強硬外交

ラッセル自由党内閣は、保守党のピール派の支持をも得て五年半の長期にわたって政権を維持した。一八四八年から翌年にかけて、大陸のほうでは革命や動乱がつづいた。イギリスではチャーティスト運動が最後の活動をしたが、たいしたさわぎにはならなかった。

一八五〇年、アテネに住むムーア人系のユダヤ人でイギリスの国籍をもつドン＝パシフィコが、ある事件でギリシア政府に過大な要求を出したため、反ユダヤ主義の暴徒によって家を焼かれた。パーマストン外相は強硬な態度をとり、大艦隊をアテネの外港ピレウスに派遣して、損害賠償その他の要求をギリシア政府につきつけた。

パーマストン外交のやり方が下院で討論されたとき、グラッドストンは、イギリス政府がその力にまかせて、国際法の範囲を逸脱して小国に不当な要求をすることを激しく非難した。のちに展開されるグラッドストンの自由主義外交観がすでにこのとき示されている。

当時の世論はパーマストン式のイギリスの国威発揚を支持しており、下院にもそれが反映して、パーマストンの政策は四六票の差で支持され、ギリシアも屈服した。

パーマストン外交に対する攻撃にはピールも参加したが、かれは一八五〇年、落馬事故で死んだ。グラッドストンは下院の追悼演説で、かれをひきたててくれたこの政治家について感動のこもったことばをのべた。

**パーマストン**
ボーニェの石版画

この年の冬、グラッドストンは妻とともにイタリアに旅行した。イタリアでは一八四八～四九年にかけて、自由主義の革命運動がさかんであったが、ついに失敗し、革命派は激しい弾圧を受けた。ブルボン系のナポリ王フェルディナンド二世の弾圧はとくにひどかった。かれはナポリ王国の牢獄を視察して、多数の政治犯人に対する残虐な取り扱いに驚いた。

かれは、帰国後ナポリの暴状を攻撃する手紙をアバディーン卿あてに書き、七月にこれを公表した。イギリス人のみならず、ヨーロッパ各国民はこれによって大きなショックを受けた。かれの手紙は版を重ね、イタリア語とフランス語に訳された。

この手紙におけるグラッドストンの態度は、なかなか微妙であった。かれはこの手紙をヨーロッパの保守主義者に訴えるという形で書き、ヨーロッパ大陸諸国の現在の政府の支持者である保守主義者には、ナポリのような悪政を除去することについて格別の責任があると訴えた。

しかし各国の保守主義者の反響はかんばしいものではなく、多くはかれの考えに軽蔑を示した。二月革命で失脚した前フランス首相ギゾーは、グラッドストンに長い手紙を送り、問題は暴君と殺人者、ナポリ王とマッツィーニのどちらを選ぶかということだ、わたしはナポリ王に味方する、とのべた。イタリア統一運動の指導者マッツィーニは共和主義者であるから、それよりは暴虐ではあるが君主制主義のナポリ王を選ぶというわけである。こういう議論の立て方は、こんにちでも左派や右派のあいだにみられる。

ヴィクトリア女王は、かねてからパーマストン外相の威圧的で、国権主義的な外交政策、とくに女王の勧告を無視する態度に強い不満をもっていた。

ドン=パシフィコ事件のあと、女王はアルバート公らの助言を受けて、女王は外交政策について報告を受けるべきものであり、またいったん女王が承認した施策を勝手に変更すべきではない、という覚書を書き上げて政府に与えた。

外相はやり方を改めることを約束したが、半年もたたぬうちにこの約束に違反した。一二月

ロンドン万国博の水晶宮の内部
広さは、それから119年後の大阪万国博のお祭り広場の大屋根の２倍である。口絵参照。

二日、フランス大統領ルイ＝ナポレオンが権力の強化のためにクーデターを行なった。パーマストンは独断でただちにクーデターを承認すると宣言した。女王も首相も怒った。首相は駐仏大使に、クーデターがなかったものとしてふるまい、なんらの批判もすべきでないと訓令した。事件は尾を引き、女王の強い要請によってパーマストンは免職となった。

## ❖ロンドン万国博

一九世紀が後半にはいった最初の年、すなわち一八五一年、世界最初の万国博覧会がロンドンで開かれた。博覧会というものは、それより一世紀前の一七五四年、すなわち産業革命の前夜にロンドンで開かれたのが最初であるが、国際的な規模のものは一八五一年のロンドン万国博すなわち「万国民の産業の製作品の大博覧会」が最初である。アルバート公がこの行事の中心の推進者であり、産業革命をいちおう完成したイギリスの産業と文化を誇示するものであった。

ロンドン万国博の最大の呼び物は、会場としてハイド＝パークに新設された水晶宮（クリスタル＝パレス）であった。鉄四五〇〇トン、板ガラス三〇万枚でつくられた。当時実用化しはじめた板ガラスをふんだんに使ったところが水晶宮と呼ばれる理由であった。

規模も巨大であった。間口約五六〇メートル、奥行き約一二四メートルで、それから一一九年後の大阪万国博のお祭り広場の大屋根の二倍の広さである。作者はジョセフ＝パクストンである。

博覧会のスローガンも大阪万国博と比べてみるとよい。ロンドン万国博のスローガンは、「すべての人々の協力がもたらした人類の進歩が、各個人の努力の最終目標とならなければならぬ。この目的を進めることによって、われわれは偉大にして恵み深い神の意志を実現すべきである」という長ったらしいものであった。前半のなかに大阪万国博のスローガン「人類の進歩と調和」に似たものが含まれている。ちがう点は、ロンドン万国博では神の意志の実現をうたったのに対し、大阪万国博では、キリスト教館をつくることに信徒の急進派が猛反対したことである。

大阪万国博にも、開かれる前からずいぶん悪口が投げられたが、ロンドンの場合も、文化の俗悪化、破壊だ、こんなものを見物に来るものはそんなにいるものか、いや、たくさんやってきて混乱が起こるだろう、などと騒々しい批評がなされていた。しかし開いてみると、入場者は六〇三万九一九五人で、一日一〇万人以上に達したときもあった。

入場者は驚くほど秩序をよく守った。その三年前の一八四八年、ヨーロッパ大陸諸国に革命の激動があったとき、イギリスだけはチャーティストの最後のあがきが少しばかりあっただけで、だいたいは静穏であった。ロンドン万国博におけるイギリス人の秩序ある行動を見た人々は、一八四八年にイギリス人が激動にまきこまれなかった原因を見たように感じた。イギリス人は現状に満足し、遵法精神があり、尊敬に価する国民であるという見方が生まれた。

推進者たちの抱負は大きかった。一九世紀中期の美術、工業、社会的進歩の成果の結合がここに展示されたのであり、とくに自由貿易に進むイギリスの自信の現われであり、この博覧会を出発点として平和と国際主義の新時代が始まるというのであった。

博覧会の収入は五〇万六二四三ポンド、純益は約一八万ポンドであった。この後の万国博は、大阪万国博を除いては、たいてい赤字か利益が少ないかであったが、一八万ポンドも純益があったということも成功の一つに数えられる。

水晶宮は博覧会が終わってからシドナムに移築され、観光客を楽しませていたが、一九三六年、火事で失われた。

## ❖自由貿易主義の終局的勝利

さて外相を罷免されたパーマストンは、翌五二年二月、ラッセル内閣が提出した民兵法案に修正動議を出した。採決の結果、動議が成立し、ラッセル自由党内閣は総辞職した。

保守党首ダービー卿が組閣を命ぜられた。かれはピール派に入閣を求めたが、穀物関税再実施を公約からはずしていないという理由でことわられ、保護貿易論者だけで組閣した。

ディズレーリは初めて入閣し、蔵相と下院の指導者となった。ときに四八歳であった。四年前『虚栄の市』を著わして有名になった小説家のサッカレーは、小説家が大臣になったといってておもしろがった。

下院の首領は、毎日議会報告を女王にたてまつるのが慣例になっていた。ディズレーリの最初の報告を読んだ女王は、その日の日記に書いた。

「ミスター・ディズレーリ（別名ディッヅィ）は、下院議事に関し、たいへん珍しい報告書を送ってきてます――かれの著作とほぼ同じ文体で――」

女王はそれ以来ディズレーリの報告書を読むのを楽しみにしていた。

七月、議会が解散されて総選挙となったが、与党は過半数を得られなかった。しかし、不信任案で内閣を倒しても、自由党のほうもラッセル派とパーマストン派に分裂しているので、多数党内閣をつくりうる見込みがないので、内閣はしばらく存続した。

ところで、保守党の保護貿易主義の建て前もあやしくなってきていた。穀物関税を撤廃しても、農民には打撃にならず、生活費が安くなって労働者はよろこんだ。ダービー首相は軽々しく変節するのをいさぎよしとしないので、まだ保護貿易主義の看板をかかげていたが、ディズレーリは内心では保護貿易主義をすてていた。

議会が開会された直後、急進主義者のヴィリアーズが、自由貿易の理論を主張する動議を提出すると通告した。そのままにしておくとピール派は当然、支持しなければならず、採決の結果、内閣が倒れる可能性がある。

前述の理由により、いま倒れられてもあとが困るので、グラッドストンは保守党政府が容認できる程度に表現をゆるめた動議案を作った。パーマストンはこの案をヴィリアーズの動議案に対する修正案として、提出した。ヴィリアーズ案は破れ、パーマストン案が成立した。

こうして政府の面目はいちおう立ったが、保護貿易主義はとどめをさされた。

## ❖ディズレーリ蔵相とグラッドストンの一騎打ち

ディズレーリの最大の仕事は、五三年度予算を成立させることであった。一二月二日、予算案は議会に提出された。

予算案のねらいは、穀物法が廃止になったので、不利をこうむったと主張している保守党の支持層に、税法上の恩恵を与え、それによっておこる減収を、所得税と家屋税の免税点を引き下げることによってカバーしようとするものであった。つまり、農村に有利で、都市の中産階級の下層に不利なものであった。

七月、議会が解散されて、総選挙となったが、与党は過半数をしめることができなかった。グラッドストンは所得税改正を激しく攻撃し、その後一週間にわたって多くの人の攻撃がつづいた。ディズレーリはその一つ一つを反駁した。前蔵相ウッドがかれを素人《しろうと》あつかいして軽蔑したのに反撃を加えた。

「いとも尊敬すべきジェントルマンは——あまりに洗練されておらず、また議会にふさわしくないことばで——わたくしがわたくしの職務を知らないとわたくしにいう。氏は職務のことをよく学んだのでしょう。下院はそのことについての最良の審判者です。わたくしは、氏の批評家になろうとは思いません。だが、氏が職務のことを学んだとしても、——氏は他にも学ぶべきです——氏は暴言は諷刺でなく、ごう慢は痛撃とはちがうことを学ぶべきです」

ディズレーリは予算案の編成にも、その擁護にも熱心であったが、しょせんは素人であった。徹夜の論議が行なわれたあと、一二月一七日午前四時、採決にはいり、三〇五対二八六で、予算案は否決された。

## ❖グラッドストンの画期的予算案

組閣の順番は自由党にまわったが、前首相ラッセルは、パーマストンと仲が悪いので、組閣難におちいり、結局ピール派の首領であるアバディーン卿が年末の一二月二八日、ピール派六名、自由党七名の連立内閣をつくった。

グラッドストンは蔵相となった。ヴィクトリア女王は、財政政策で革新的なグラッドストンが蔵相となるのを心配していた。

かれは大いそぎで予算案を作成した。それは、税体系に大変革を加えたものであった。約一三〇〇の食料品などの輸入関税を廃止し、約一五〇の品目の輸入関税を引き下げるというのは、ピール以来の政策の継続であったが、不動産の相続税を創設したことが画期的であった。これはすでに一七九六年にピットが創設しようとして失敗したものであり、その後の歴代の内閣が土地貴族の勢力を恐れて手をつけることができなかったものである。

アバディーン内閣のなかですら、グラッドストンがはじめてこれを閣議に提案したときには、全閣僚が反対したほどであったが、かれは同僚の一人一人を説得した。大衆的課税である一般食料品の税を、廃止あるいは引き下げて、そのかわりに地主の犠牲でうめあわせるというこの税制改革は、ディズレーリの案とはまったく逆の方針をとるもので、財政革命ともいうべきものであった。これには、イギリス人ばかりでなく、外国の政治家も驚嘆した。

グラッドストンはこの予算案を五時間かかって説明した。そのとき、租税の全体系を批判、検討して、所得税も漸減して、七年後には廃止するという計画をのべた。

かつて、フランス革命戦争、ナポレオン戦争の戦費をまかなうため、過大な公債政策によったことが、イギリス財政を破産に瀕せしめたのにかんがみたのである。

下院指導者ラッセルは、女王への報告書のなかで、グラッドストンの予算演説は、下院でこれまでになされた最高の演説であるとのべた。

「ミスター・ピットは、その最盛期においては、もっと堂々としていたかもしれませんが、ピットもグラッドストンほど説得的ではありませんでした」

アバディーン首相や、ピール未亡人も称賛の手紙をグラッドストンに送った。

予算案はあまり修正されずに、下院を通過した。

## ❖クリミア戦争

クリミア戦争は、衰えつつあったオスマン帝国（トルコ）に対するロシアの侵略的野心より起こったものである。ロシアはオスマン帝国侵略の口実として、つねにオスマン政府のキリスト教徒虐待をあげていた。

**クリミア戦争におけるイギリス軍の大砲**
1855年、ロシアのP.メッツが画いた諷刺画。トルコ人を助けると称するイギリス軍が、実はトルコ人を酷使していると諷刺している。

しかし一八五三年、ロシアの陸軍がバルカン半島にはいり、海軍がオスマン艦隊を撃滅したとき、イギリス、フランスはオスマン朝を助けてロシアの侵略を阻止しようとした。

グラッドストンは、マンチェスターの演説で、「ロシアは他のすべての国をふみにじる強国である」といって攻撃したが、バルカン諸民族に対するオスマンの虐政にも激しい非難を加えてきた。根本的には平和維持を方針とし、閣員の半数もそうであった。しかしパーマストンらは戦争は不可避とみた。ここに戦争が始まった。戦いは南ロシアのクリミア半島にあるセヴァストポールの要塞攻略を中心としていた。

一八五四～五五年の冬は、ヨーロッパ全体にわたって寒気がきびしく、戦病者、戦病死者が多かった。その原因として、セヴァストポール攻撃軍の衛生状態の劣悪さが世論の非難の的になり、五五年一月、これの調査委員会をつくれという、政府非難をこめた動議が下院を通過して、アバディーン内閣は総辞職した。

この内閣の内政上の成果としては、一八五四年買収防止法案を成立させたことである。選挙における買収についてきびしい定義づけをして、その防止をはかった。しかしそれから二九年後に新しい法案が成立するまで、たいした効果は上がらなかった。なお、クリミア戦争のために巨額の戦費を必要としたので、前年グラッドストン蔵相が計画した、「所得税漸減という財政改革」は実行不可能となり、逆に所得税を倍加させなければならなかった。

もっとも強硬な反ロシア派であるパーマストンが、ホイッグ派とピール派の連立によって、第一次パーマストン内閣を組織した。グラッドストンも蔵相として入閣した。

グラッドストンはつねに戦争に反対する政見をのべていたにもかかわらず、戦争を遂行する内閣に入閣したというので、一時評判を悪くし、議会で平和のために語っても反響がなかった。そのうえ、パーマストンが、前にみずから反対したクリミアの遠征軍の事情を調査する委員会の設置を承諾したので、委員会の性格を違憲とみなすグラッドストンは、まもなく辞職し、自分の荘園であるハワーデンに引きこもった。

セヴァストポール要塞が陥落し、一八五六年三月、パリ平和条約において、ロシアは黒海を中立化し、ロシア艦隊をここに入れないことを承認した。しかし、ロシアはおりあらばもう一度野心の手をのばそうと考えていた。

### ❖宙ぶらりんのグラッドストン

ディズレーリのひきいる保守派の反ピール派がこのころ保護貿易政策を放棄したので、政党の政策の根本的相違というものがなくなった。そして政治的行動において個人的感情がふつうの場合よりもかなり大きく作用した。

グラッドストンは時おりの問題で、まだ保守党的なところを示しており、かれの以前の党である保守党はかれが復党することを強く期待し、一八五六年と五八年にそれを申し出た。五八年にはディズレーリが懇切な手紙をグラッドストンに送ったが、グラッドストンは冷淡な回答をした。かれはディズレーリがかつてピールをいじめたことをまだ憎んでいたのだ。

グラッドストンはなにかといえばすぐ良心をもち出して、気むずかしく、自己の信念に固執した。一方では新しい問題が起こるたびに関心がひろがっていった。そういうなかでは、古くからいだいていたトーリー的なものへの愛着と、新しい自由主義的観念が、矛盾なく共存することは、たいへんむずかしかった。

## ❖アロー戦争

一八五六年一〇月、アロー号事件が起こった。アロー号は、ロチャという中国製の小型の船であり、船主と大部分の乗組員は中国人であるが、船長ほか一名がイギリス人であり、船はイギリスの国旗をかかげていた。

この船が広東で、海賊船であるという疑いを受けて、中国の地方の官憲の臨検を受けて、イギリス国旗をひきおろされ、一二名の中国人乗組員が捕えられた。

広東に駐在するイギリス領事パークスは、アロー号はイギリス船として登録してあるからイギリス船であり、イギリス船上はイギリスであり、その領土内で中国人を捕えることは条約違反である。アヘン戦争の終結としてイギリスと中国のあいだにむすばれた南京条約で、イギリスに認められている領事裁判権の侵害であるとして、逮捕者の即時釈放を両広総督葉名琛《しょうめいしん》に要求した。

葉は、船は中国人所有のものであり、イギリス国旗を侮辱したことはなく、船員の逮捕は海賊の疑いによるとして、イギリス側の要求を拒否した。

その後、イギリスの強硬な態度により、船員は引き渡したが、イギリスの要求する謝罪はしなかった。

スエズ運河開さくに反対するイギリス・トルコ両政府の諷刺画

イギリスの香港総督サー＝ジョン＝ボーリングは、シーモア提督に広東郊外を砲撃して総督衛門を占領させ、さらに民家数千を焼かせた。

三か月ののち、事件の報がロンドンに達した。下院ではパーマストン内閣の外交に対する激しい批判が起こった。コブデンが反対の先頭に立ち、パーマストンの中国政策を激しく攻撃した。

内閣非難決議の採決の結果、二六三対二四七で成立した。議会はただちに解散されて、総選挙が行なわれたが、世論は大英帝国の「国威発揚」の政策を支持し、パーマストンは議席の過半数をこえること一〇〇で大勝した。しかもコブデン、ブライトその他、戦争の反対者は落選した。

### ❖「スエズ運河を建設せよ」

スエズ運河建設問題でも、グラッドストンとパーマストンの考えはちがっていた。エジプトの藩王サイド＝パシャは、かねてスエズ運河設立を計画していたフランス人レセップスに、万国スエズ海洋運河会社の設立を許可した。

この会社の資本金は五〇〇フラン株、四〇万株で、総額二億フランと定められ、事業の国際的性格のため、各国の参加を予定した。たとえばエジプト政府は六万四〇〇〇株、イギリス、フランスには各八万株を保留した。

一八五七年から翌年にかけてスエズ運河問題が議会で討論された。

グラッドストンは五七年八月、つぎのように演説した。

「世界地図を見た者はだれでも、スエズ地峡を通る運河が、もし可能なものであるならば、これが人類の利益のための大きな業績であることを否定しない。……イギリスのインド領有は、ヨーロッパの共通の利益に反する、という意見が、ヨーロッパのなかに、生まれないようにしようではないか」

パーマストンはこれに答えていった。

「もしイギリス政府が、ある計画がイギリス人の利益にとって有害である、という意見をもっているならば、他の国の政治的・商業的希望をいかにひどく妨害しようとも、その計画に反対することがイギリス人の義務であるように思われる」

国家的利益のためには国際協調を無視してもよいという、国家至上主義のもっとも率直な表明である。

これから一〇か月後、パーマストンはこの問題でふたたび下院に呼びかけたが、グラッドストンは、

「人類の共通の利益やヨーロッパの一般的感情に反対してまで、イギリス領インド帝国を建設したくない」

といった。

結局パーマストンの強硬な反対が勝って、スエズ運河建設は列国の支持を得られなかったので、エジプト政府が一七万七〇〇〇余株を、ナポレオン三世のフランス政府が二〇万七〇〇〇余株を、つまり総株数の九六％を両国が引き受けて工事が開始された。

### ❖ナポレオン三世暗殺未遂事件のとばっちり

イギリスはヨーロッパ各国の政治的亡命者のたまり場になっていた。一八五八年一月、オルシニというロンドンにいるイタリア人亡命者が、ナポレオン三世の暗殺を企てた。皇帝は危ういところをまぬがれたが、皇帝の馬車に投げられた爆弾によって二人の死者がでた。

フランス人はイギリス政府をののしり、フランス外相は、イギリス政府が犯罪的な亡命者をかくまうという慣習をやめることを、急送公文書で、しかも失礼な言葉をつかって要求した。

パーマストンは、これには回答を与えず、殺人法案を議会に提出して、殺人の共謀を、短期の禁固のみを課し得る軽罪から、懲役をも課しうる重罪に変えようとした。

パーマストン外交は、それまでイギリス人の国民的プライドの心理をよくわきまえて行動してきたが、こんどのやり方はまことにまずかった。イギリス人がフランス人とフランス政府の無礼な言辞に怒っていた最中であるから、パーマストンのやり方は、国民にたいへん不評であった。

ミルナー＝ギブソン議員は修正案を提出し、フランスにおける最近の事件について議員が遺憾におもっていることや、刑法の欠陥を改正する用意のあることを表明したが、フランス外相からの急送公文書に答えなかったことで、政府をとがめる内容をふくませた。

グラッドストンはこの修正案に賛成してつぎのように論じた。フランスの急送公文書には回答すべきであったし、この問題についてのイギリスの法の原則は説明されるべきであった。またフランスへの回答としてこの法案を出すことは、世界におけるわれわれの立場と、自由の陣営へ重大な影響を生むであろう。それはわれわれが抑圧的法律のそとに安全を求める人々に対して道徳的共犯をなす企てである、と。

修正案は一六票の差で成立し、パーマストン内閣は倒れた。

## ❖ホーマー研究

一八五八年二月二五日、第二次ダービー内閣が成立した。グラッドストンは入閣を要望され、ディズレーリからも懇篤な手紙によって入閣をすすめられた。しかし、かれは入閣をことわり、ディズレーリには冷淡な返書を送った。これが保守党からの最後の友好の手であった。

こののち三年のあいだ、グラッドストンは内閣からはなれた。そのあいだ、かれはかねてから研究していたホーマーの詩の研究をまとめて、『ホーマーとホーマー時代』三巻を刊行した。それは、ホーマー（ホメーロス）は実在の人物で『イリアッド』と『オディッセイ』のただ一人の作者である。ゼウス・ポセイドン・ハーデスは三位一体に当たるものだというような、当時の古典学研究の水準からはたいしたものではないが、ギリシアに対する情熱にあふれたものであった。

## ❖シパーヒーの乱

一八五七年、インドではシパーヒーの乱として知られている独立闘争が燃え上がり、イギリスのインド支配を一時危うくしたが、イギリスは鎮圧に成功し、ムガル帝国を廃止してしまった。

ディズレーリは、インドのような重要な植民地を、東インド会社のような一会社の統治にま

**最初のロンドンの地下鉄**
街路の狭いロンドンでは、1853年という早い時期に開通し、はじめは蒸気機関車で引かれていたが、1886年から電力によって動かされた。

かせておくのは危険と考え、一八五八年女王の名義で政府の直轄とした。

これを実現に移すインド法案は、パーマストン内閣瓦解の直前に提出され、第二次ダービー内閣も若干の変更を加えて提出した。この法案の討議のとき、グラッドストンは、「インドはインドのために、かつインドによって実際的であると証明される範囲内で統治されるべきである」という原則に賛成した。

## ❖ギリシア旅行

一八五八年一一月、グラッドストンは第二次ダービー内閣の植民相バルワ＝リットンから、一八一五年以来イギリスの保護領となっているギリシア西方のイオニア諸島への旅行をたのまれた。

島民はギリシアに併合されることを熱望していたが、植民相は、ホーマー学者として名声あるグラッドストンならば、イギリスの保護下にとどまるように説得できるであろうと期待したのである。

かれはイオニア諸島に出かけ、自治権を拡大してやるといって説得したが、島民のギリシアへの合併の希望を変えさせることはできず、六年後、ギリシアへの併合が実現した。グラッドストンの友人たちは、かれがこんな成功の見込みのない旅行を引き受けたのは、大失敗であると考えた。しかしこの旅行は予期しない重大な結果を生んだ。かれは帰国の途中で、イタリア統一運動の中心勢力であるサルディニアの首都トリノで、カブール首相と会見した。それは数か月後に起こるイタリア問題におけるかれの態度を決定するのに役立つのである。

五九年三月の終わり、第二次ダービー内閣が選挙法改正問題で敗れて、議会を解散した。総選挙で保守党の議席はわずかばかりふえたが、過半数を制することはできなかった。

そのうち四月二九日にオーストリア軍がサルディニアに侵入し、五月三日、フランスがサルディニアに味方して参戦し、フランスとサルディニアの連合軍がマジェンタやソルフェリノの戦いで勝った。マジェンタの戦いの六日後、下院では内閣不信任案が一三票の差で成立した。

# 自由党員グラッドストン

## ❖自由党内閣へ入閣

グラッドストンは不信任案に反対投票をしたが、つぎに成立した第二次パーマストン内閣に蔵相として入閣した。かれが自由党内閣へはいったことは、かれの政治生活の新段階であった。グラッドストンはそれまでパーマストン外交を痛烈に非難していたから、入閣はまことに奇妙であった。イタリア問題が西ヨーロッパの国際問題の最大のものとなってきたということが、入閣の理由となっていた。しかし世間はかれを痛烈に非難した。

五〇年代のイギリスでは、保守党も自由党も党としての政策のちがいは少なかったが、イタリア統一の問題に関しては、政党による意見のちがいがはっきり出てきた。

女王や保守党は、オーストリアに同情を示し、パーマストン、ラッセル、グラッドストンは、それまで主義のちがいや個人的感情で離れていたが、イタリア問題では完全に意見が一致した。

グラッドストンの立場では、ダービーに信任投票をしたのは、親オーストリア派である大部分の保守党員を除いたダービー－パーマストン連立内閣の成立を期待したからであり、連立内閣の組織の失敗後には、パーマストン自由党内閣に完全な支持を与えることを悪いと考える理由はなかった。

グラッドストンは、かれがパーマストンやラッセルと協同すれば、イタリア問題で強力な支持が得られることを知っていたのである。もっともかれは、自分の行動が、自由党への永久的所属のはじまりになるとは、このときはほとんど気づかなかったらしい。

## ❖パーマストンの強硬外交を牽制

ナポレオン三世は、突然サルディニアを裏切って、オーストリアと妥協し、ビラフランカの仮条約をむすんだ。

これはプロシアがフランスに侵入する計画を立てていたことや、国内のカトリック教徒が、ローマ教皇に不利なイタリア統一にますます敵対的になったからであるが、根本的には、統一イタリアがあまり強大となることを恐れたためである。

サルディニアはあきらめずにイタリア統一をすすめた。

統一運動が、オーストリアを敵にまわし、プロシア・ロシアに警戒され、ナポレオン三世にも裏切られながらも成功したのには、パーマストン内閣の力が大いに寄与した。

たとえば、ガリバルディ将軍が、イタリア統一運動の一翼として南イタリアを征服しつつあったとき、ナポレオン三世は、英仏連合艦隊でこれを妨害することをラッセルに提案したが、かれはこれを拒否した。

サルディニア首相カブールは、サルディニアを中心とする統一運動についてナポレオン三世の了解をとりつけるために、サヴォイとニースをフランスに譲った。

これはイギリスの世論を沸き立たせた。もしパーマストン内閣が、第一次内閣のときのようにパーマストンの独裁を許していたならば、強硬外交のパーマストンは、フランスとの戦いを辞さなかったかもしれない。さいわいにもグラッドストンとラッセルという有力な人物が閣内にいることが、最悪の事態の起こるのをふせいだ。

## ❖英仏通商条約

グラッドストンは、一八六〇年一月の閣議報告のなかで、イギリスとフランスが同盟すれば、イギリスに有利な平和体制がヨーロッパに生まれ、また、フランスが不当なヨーロッパ政策を行なうのを阻止することができるだろうといった。

前年の秋、かれはフランスに旅行するコブデンの申し出により、英仏通商条約をむすぶという構想を、かれが非公式使節として、ナポレオン三世およびその大臣と交渉することを委嘱された。その成果がみのり、六〇年一月に条約が成立した。こんにちのイギリス、フランスの親善関係から考えると、通商条約をむすんだことくらいたいしたことではないようだが、ナポレオン戦争以来、経済的に敵対的関係にあった両国間の事情を考えれば、画期的なものであることがわかる。

この条約においてイギリスは、工業生産品の関税をすべて廃止し、ブランデーやブドウ酒の関税をへらした。フランスはイギリス製品の関税を引き下げ、イギリスに最恵国待遇を与えた。

この条約には、産業革命を完成した先進工業国としての自信がはっきり出ている。犠牲の少ない関税廃止をやることによって、フランスにも関税を引き下げさせ、イギリスの工業生産品の進出につごうがよいようにしたのである。この自由貿易主義の条約の結果、イギリス工業にはきわめて有利な影響がでてきたが、フランスの産業資本家は大打撃を受けた。

こんな条約ができたのは、イギリスとの関係が円滑を欠くことが、自分の権力に影響すると心配したナポレオン三世の政策によるところも大きいが、コブデンとよく連絡して、条約成立にみちびいたグラッドストンの功績も大きい。

かれはこの条約の影響と見合いながら、税制改革を追加し、これを考慮しながら一八六〇年の予算案を組んだ。

## ❖下院の予算決定権

他国の工業生産品の関税を廃止あるいは引き下げさせるグラッドストンの政策は、紙の関税を廃止させる法案では猛烈な抵抗を受けた。イギリスの製紙業者や、高価な新聞の製作者に脅威であったから、かれらの意向を受けた議員の反対がひどかった。法案は下院では九票の差で通過したが、上院では八九票の差で否決された。

パーマストン首相は紙関税廃止にしぶしぶ同意していたのであるが、下院を通過した財政法案を上院が否決するのは不当であるという声を受けて、課税事項に関する下院と上院の権限を調査する委員会を設けることを提案した。

調査委員会の報告は、問題点をさけて、歳出決定は下院のみの権限である、と逃げた。これについての首相の演説もあいまいであった。

そこでグラッドストンは激烈な演説をぶった。

「過去二〇〇年のあいだ、上院は、下院が認めた税を留保したことは一度もなかった。上院には財政法案を否決する権限はない。人民の代表は、課税に干渉する権限を認める上院と戦う義務がある。わたくしは下院の権限をことばでなく、行為によって、上院に強制する権利を留保する」

グラッドストンは翌六一年、紙関税の廃止をふくむすべての課税事項を、それまでの例を破って、単一の法案にまとめて議会に提出した。これは財政法案であるから、下院でこれが通過したうえは、上院としては、これを否決するか、呑むかのいずれかの道を選ばねばならなかった。上院は後者の道を選んだ。

このときから新聞が安くなり、一ペニイや半ペニイの出版物が出るようになった。課税関係を単一法案とするのは、このときからの例となった。

このことによって、予算に関する下院の優越は、約半世紀のあいだ問題なく承認され、議会政治の発展のうえに大きな進歩をもたらした。

これはずっとのちのことであるが、一九〇九年、自由党のロイド＝ジョージの予算案を上院が否決したことが動機となって、上院改革が行なわれ、下院を通過した予算案について、上院の否決が無効であることになった。

なおこの年、郵便貯蓄法をつくって、中・下層階級の貯蓄を便利にした。これも大きな成功を収め、財政に寄与した。

一八六一年は、女王にとっては悲しい年となった。プリンス＝コンソートが長子アルバート＝エドワード（のちのエドワード七世）のケンブリッジ大学における不行跡の後始末をするために旅行し、腸チフスにかかり、一二月一四日ウィンザー宮で死んだ。ヴィクトリアは長子をうらむとともにすっかり気落ちし、その後数年隠遁的生活をすごし、国政をかえりみなかった。「こんなことなら共和政体でもよい」という声すら聞こえるようになった。

## ❖「労働者に選挙権を」

グラッドストンは選挙法改正についても、首相をなやませた。グラッドストンは、南北戦争で北部が勝ったのは、民主的な北部の民衆の意志とエネルギーによるものであると考え、またもし議会が不活発であるとすれば、それは労働階級が議会に無関心であるように見えることが一原因であるとした。かれは下院においてのべた。

「労働者階級はその一五分の一しか投票権をもたない。……わたくしはあえていう。個人的な不適格とか、政治的な危険とかの理由で、資格がないとされた者でないかぎり、だれでも道徳的に、憲法の域内にはいってくる権利がある」

かれはこのことばにつづいて、議会は、労働者の選挙権拡大の扇動が行なわれるまで放っておいてはいけないといい、

「もちろん、こういうことをいったからといって、わたくしが以前、急激な、暴力的な、過激な、幻想的な変革に対してなした抗議をひっこめはしない」

と、留保のことばをのべたのであるが、民衆にはあとのことばは印象に残らず、グラッドスト

ンはたちまち選挙法改正の闘士とされてしまった。

パーマストン首相は選挙法改正に反対であった。改正案は二七二対五六で否決された。グラッドストンの政治的見解をきらったオクスフォード大学区は、六五年の総選挙で、かれを落選させた。かれは、これで「口輪がとれた」と称した。かれは南ランカシャーで議席を得た。

一八六五年一〇月六日、パーマストンは首相官邸で執務中に死んだ。上院議員となっていたラッセル卿があとをついで、第二次ラッセル内閣を組織し、グラッドストンは下院の指導者となった。

## ❖選挙法改正案審議

一八六六年三月一二日、グラッドストンは、選挙法改正の政府案を下院に提出した。その内容は選挙権の財産資格を、州では五〇ポンドから一九ポンドに引き下げ、都市では一〇ポンドから七ポンドに引き下げるものである。

この法案の審議中にグラッドストンは、

「労働者階級は、第一次選挙法改正以前よりも代表者の割り当てが少なくなっている。しかもかれらは税金の一二分の五を負担している」といい、また、

「『労働者に選挙権を与えたら、かれらは労働者の代表だけに投票するだろう』というような

心地がするのは、ばかげている」といった。

第二読会の審議の終わりにあたって、グラッドストンは、古典的な修辞でかざりたてた荘重な雄弁をふるって、

「時はわたくしの味方である。大きな社会的力がわたくしのために戦ってくれている。どんな議論もそれを押し止めることはできない。遠からず勝利がやってくる」といった。

こういう雄弁は反感を増すだけで、かえって逆効果であった。下院の議席は、自由党三六七、保守党二九〇であったが、自由党のなかのホイッグ派が保守党とともに反対にまわったので、政府案は可決されたとはいえ、わずかに五票の差であった。上院における運命が思いやられる。院外では労働者の激しい示威運動が行なわれた。

選挙資格改正法案の上院における運命がきまる前に、五月二日、予算案が提出された。それを説明する演説のなかで、グラッドストンは、

「石炭はたぶんあと一〇〇年で掘りつくされるだろう。そのあとの生産力の減退が重大である」といって警告を発した。

この考えは経済学者のジェボンズが言い出したことであり、予算討議のとき、経済学者のジョン゠ステュアート゠ミルもこの予言に賛成したが、他の者は空想的な考えだとみなしていた。しかし数年後にジェボンズ自身がまたくりかえしたときは、もはや誰も反駁しなかった。

五月七日、グラッドストンは選挙区再分配法案を下院に出した。これは人口の少ない都市選挙区をいくつか合併し、そのなかの若干のものから、各一名ずつの議席をとり上げて、これを大都市、人口の多い州、ロンドン大学に分配するという案である。

この案は第二読会を満場一致で通過したが、その後選挙資格改正法案に修正動議が出されて成立した。これに反対である内閣は総辞職した。こうして選挙資格改正法案も、選挙区再分配法案も陽の目をみなかった。

労働者を中心とする民衆の激昂は大きかった。六月二七日、ロンドンのトラファルガー広場に集まった一万の群集は、グラッドストンを激励するために、かれの邸宅までデモ行進を行なった。さらに七月二三日、選挙法改正論者の大デモ行進が、ハイドーパークにむかった。内務省から派遣された警官は、公園の門を閉じたが、群集は柵を押し倒して公園になだれこんだ。騒動は三日間つづいた。

### ❖「暗中の飛躍」

七月六日に成立した第三次ダービー内閣では、大衆の圧力を感じたディズレーリ蔵相が首相ダービーと協議して、選挙法改正が不可避な情勢であると見てとり、有権者が約四〇万ふえるグラッドストンの改正案よりもさらに進んだ、有権者が約一〇〇万ふえる改正案を作成した。

ダービー伯
エドワード=スタンレー

ダービーはそれを「暗中の飛躍」と表現した。改正案には内閣の内部にも強い反対があり、植民相、陸相、インド事務相が辞職した。

法案は代議士会に提出され、首相は必要があれば議会を解散するといった。党の両首脳に対して反対意見をのべたのは、解散がこわくないオクスフォード大学選出議員一人だけであった。

法案が下院に提出されたとき、野党のグラッドストンが強硬に反対し、与党のなかにも反対論をのべる者があった。当時は与党は野党よりも七〇名も少なかった。与党で政府案に反対する者と、野党で政府に味方する者との数の予測がつかなかった。

自由党の議員のなかには、改正支持者が予想以上に多かった。しかし、グラッドストン党首をこわがって、党首の意向に反対する文の署名にも発案者がだれであるかわからないように、円形に署名するありさまであった。

日本でも、江戸時代の百姓が一揆《いっき》を起こして領主にさしだす文書でも、円形の署名が行なわれることがあった。これは「からかさ連判」といわれる。こういうことは昔だけではない。一九七一年（昭和四六）河野謙三参議院議長の提唱で参院改革が企てられたとき、参議院の採決には無記名投票制を用いるという案が出たことがある。

法案審議の過程で、自由党の急進派の修正案がつぎつぎに採用されたので、最終的な改正案は政府原案や、前年の自由党政府案より進んだものとなり、四月五日、三一〇対二八九で可決された。

第二次選挙法改正は「戸主および一〇ポンド間借人選挙権」といわれている。つまり、都市選挙区で一年間住居を所有したり、借りて住んでいる者は、救貧税を払っているという条件付きでみな選挙権を得る。間借人でも年額一〇ポンド以上の貸間に一年住んでいる者でもよい。こうなると、都市でいちおう独立の生計をたてている成年男子の大部分がふくまれる。階級的にいうと、都市の小市民と工業労働者である。

州選挙区でも年額一〇ポンド以上の価値ある土地の保有者という資格が、五ポンドにまで引き下げられた。これで有権者の範囲は拡大したが、他人のところで働く農業労働者や鉱山労働者が除外される。この改正で、一〇五～一〇六万であった有権者が約二〇〇万に増加した。八八％増であり、倍近くに増えたとおぼえておいてよい。

人口の少ない選挙区が廃止されたり、二議席が一議席に減らされ、人口の多いところや新しい大学選挙区にまわされたが、選挙区改正は一八三二年ほど大規模ではなかった。

第二次選挙法改正はいつかはくるべきものではあったが、この時期にこの大改革がなされた重要な原因は、暴動という大衆の圧力が支配層に、譲歩しなければ革命の危険があると思わせたことである。

グラッドストンも保守党政府案に修正意見をとなえ、そのなかに採用されたものもあるが、みずからは敗北感にとらわれ、一時は党首の地位を去ろうとさえ考えた。ダービー首相は、持病の痛風に悩まされ、選挙法改正の半年後に辞職した。

# Ⅳ

# 立憲政治の絶頂

# 第一次ディズレーリ内閣

### ❖女王の心を楽しませる首相

一八六八年二月二一日、辞表をヴィクトリア女王に奉呈したダービーは、後継首相として自党のディズレーリを推薦した。二四日、女王の使者としてロンドンのディズレーリ邸を訪れたのは、ディズレーリがウィコムで立候補したとき、かれを破ったかつてのグレー大佐、今のグレー将軍であった。二八日、ディズレーリは女王に謁《えっ》して組閣を受諾した。

ディズレーリ首相は、毎日の政務を手紙として女王に奉呈した。名文でつづられた奏上書は、女王の心を楽しませた。

首相は政務以外のことも話した。女王が自分で書いた『スコットランド山荘記』を、一部ディズレーリに与えたとき、かれはいろいろと文芸上の雑談をして、「われわれ著作家は、陛下」といった。女王はたいへんよろこんだ。

女王はウィンザー宮殿に咲いた桜草を花かごに盛って、ディズレーリの私邸に持たせてやった。

## ❖アイルランド国教会廃止決議案

ディズレーリ内閣が成立し、春のイースター休暇が終わると、新議会の開会直後、グラッドストンは、予想外の問題をひっさげて内閣にせまった。アイルランドにおける国教会制度を廃止するという決議案である。これを提出したのは、国教会主義のグラッドストンとしては大きな転向である。

過去四〇年間、イギリスではいろいろな自由主義改革が行なわれたが、アイルランド人のためのものは少なく、ア

ライバルの名優たち
グラッドストンとディズレーリの競争を諷刺したもの。1868年、ディズレーリが先に首相となったとき『パンチ』誌に掲載されたもの。この画には次のような文がついている。「ベンディヅィ氏（ハムレット）—ながろうべきか、ながろうべからざるか、それが問題だ。ああ。グラッドストン氏（役無し）—主役だって！奴の主義は全体の利益というんだ！監督は気ちがいか！だが、それはどうでもよい。時節が来るさ……」

イルランド人はいろいろな点で相変わらず苦しんでいる。教会問題も一八二九年のカトリック解放で解決したわけではない。アイルランドにもイングランド教会が国教会として存在したが、アイルランド人の国教徒はアイルランド人の八分の一にすぎなかった。しかるに国教会は公的制度であるから、カトリック教徒も国教会の維持のために税を支払う義務があった。

グラッドストンの決議案は、このような国教会制度を廃止しようとするものであり、この議会で準備を始め、つぎの議会で立法化しようとするものであった。決議案は六五票の差で可決された。

### ❖解散でおどす

ディズレーリは、内閣の立場を検討するために、時間の余裕を要請した。そしてそのあいだに女王に対して、秋に議会を解散することを認めるか、内閣総辞職を認めるか、いずれかをきめてほしいと申し出た。

女王は前者を認めた。

この事情が四月の首相の演説からわかったので、こういうことを女王の名で行なうことに対して激しい抗議が起こった。グラッドストンも、議会の多数によってきまった決議案の実行を、解散のおどしによってはばむのはけしからんと非難した。

議会は七月に停会にはいり、一一月に解散された。選挙戦の題目は、アイルランド国教会廃止問題であったが、ディズレーリの期待に反して、選挙は自由党が一一五票の差をつけて大勝した。自由党としては一八三三年以来の大勝であった。ジョン＝ステュアート＝ミルの表現をかりれば、選挙演説でディズレーリが、

「わたくしが諸君に選挙権をあげたのだ」

というと、新有権者は、

「サンキュー、ミスターーグラッドストン」

と答えたという。

選挙法改正論争のあいだに、自由党内におけるグラッドストンの指導的地位は確立した。生え抜きの古い党員は、かれを愛しも信用もしないが、かれの実力を認めざるをえなかった。労働階級を味方にしたこともたいせつなことであった。ある人は、グラッドストンは、労働者に、ほんとうにかれらのことを心配してくれていると信じこませた最初の正式の政治家である、と評した。総選挙に敗れたディズレーリは、新議会の召集を待たずに総辞職を断行した。これは以後の先例となった。こんにちでは議会政治のうえで当然とされていることも、わずか一〇〇年前に生まれたのである。

ヴィクトリア女王はディズレーリを貴族にしようとしたが、かれは代わりに妻に授爵される

ことを願った。それは聞きとどけられ、ビーコンスフィールド子爵が生まれた。
その四年後、一八七二年一二月一五日、メリー＝アンヌは死んだ。

# 第一次グラッドストン内閣

## ❖女王は首相も外相もきらい

一八六八年一二月一日、グラッドストンがハワーデン領荘園で、運動がてらに木を切り倒していたとき、電報がとどいて、今晩女王の侍従のグレー将軍がウィンザー宮殿から来ることを報じた。

グラッドストンは「きわめて重大」とつぶやき、ふたたび斧《おの》をとりあげて伐採をつづけた。数分後にやめて、斧の柄にもたれながら、客人にたいへん真剣な声でいった。

「わたくしの使命はアイルランドに平和を回復することだ」

グレー将軍の来訪は、実は三日前にウィンザー宮殿長官、ジェラルド＝ウェズリーから手紙で予告されていた。かれはイートン校時代にグラッドストンといっしょであったという気安さで、率直なことを書き、女王がグラッドストンをこわがっているという事実をぶちまけた。だ

グラッドストンが伐採した巨木　右端がグラッドストン。

がかれは、女王がグラッドストンをたいへん尊敬しているともいい、女王は女性なんだから、それらしく扱わねばならないと忠告した。かれはまた、女王がグラッドストンのアイルランド政策をきらっていること、だが女王としての通常の支持を与えてはくれるだろう、とも書いた。

グラッドストンは返書で、よく気をつけると書いた。グレーがやってくるのは、女王がクラレンドン卿を外相にすることに反対していることを、グラッドストンに印象づけるためであった。クラレンドンはクリミア戦争のときに外相であり、有能な人物であったが、軽率なやり方で女王に抵抗したことがある。

一二月三日、グラッドストンは首相として初めてウィンザー宮殿で女王に謁見した。女王は、クラレンドンが女王に「ミッサス」（Missus）というあだ名をつけているといってかんかんに怒っていた。こんな英語はなく、独身女性の「ミス」をもじったものである。ほかの者は女王に対して「マダム」とか「マム」(Maam-マダムの略)といっていた。

グラッドストンは、女王の気持ちをおしはかりながらも、クラレンドンを外相に任じた。ほかに穀物法反対運動以来の闘士、ジョン゠ブライトを商工相とした。

## ❖アイルランドの土地問題

グラッドストンは、はたしてアイルランド問題の解決に全力をそそいだ。ここでまずアイルランド問題の歴史をかえりみよう。

アイルランドは中世以来、イングランドに征服され、とくに清教徒革命のとき、王党に味方して広大な土地を没収された。カトリック教徒であるアイルランド人は、新教徒であるイングランド人の不在地主の小作人の地位に転落した。そのほかにもアイルランド人は政治上で差別待遇を受け、工業も制限されて、貧しい生活をしていた。

一七世紀や一八世紀にかれらはしばしば反乱を起こし、そのたびにきびしく弾圧された。

一八二九年カトリック教徒解放法が成立して、政治上の差別待遇はいちおう除かれたが、土地問題が深刻であった。かれらは小作権の安定や地代の適正化などを要求して戦った。

アイルランド移民の多いニューヨークで、イギリスのアイルランド支配を、暴力によってくつがえすことを目的とするフェニアン団という秘密結社が結成され、英領カナダへの侵入や、アイルランド全土での暴動を計画した。小暴動はイギリスやアイルランドの各地で頻発し、イギリス人を不安にさせた。

これに対して歴代の政府は、主として弾圧政策をとったが、グラッドストン内閣は別の方法をとった。一八六九年、アイルランドにおける国教会制度を一八七一年以後廃止するという法案を成立させた。これによってアイルランド国教会は、公的制度であることをやめ、アイルランド人は自分たちの信仰しない教会を維持するために教会税を支払う必要はなくなった。

翌年七月、グラッドストンはアイルランド土地法を成立させた。地主が小作人から土地を取り上げたときの補償と、それまで小作人が土地改良に投じた費用の補償を、地主に義務づけた。また小作人が土地を買い入れて自作農になりやすいように融資する制度を定めた。

しかし、この法は地代の値上げを抑えることも、小作権を保証することもできなかった。地主はかえってこの法を逆用して土地取り上げを強化した。

土地法は土地問題の一部を解決しただけだから、法案審議中でも農民の不満は消滅せず、暴動はいぜんとしてつづいた。そこでグラッドストンは土地法成立以前に、四月、治安維持法をつくって暴動を鎮圧した。

## ❖プロシア軍国主義に反対

このころ、プロシアとフランスのあいだが険悪になって、開戦の恐れがあった。ドイツ統一事業を完成しようとしていたプロシアのビスマルク首相は、ドイツ内の小国に干渉するナポレオン三世を統一の邪魔者とみなし、逆にナポレオン三世は隣国にドイツという統一国家ができるのを恐れた。

戦争の危険がせまったとき、クラレンドン外相は、首相の熱心な支持を受けて、プロシアに対して、フランスと妥協することをすすめたが、ビスマルクが相手では、まるっきり成果が得られなかった。

いよいよ戦争が始まってからは、クラレンドンのあとをついだグランヴィルが、ベルギーの中立を侵さないよう説得するために、両国と協議にはいった。

普仏戦争はプロシアの大勝利のうちに進み、九月にはアルザス、ロレーヌを住民の意志をきかずに併合するという覚書が駐英ドイツ大使から手交された。

グラッドストンはこれを「近代文明のセンスにとって嫌悪すべきもの」といい、正式抗議をしてアルザスとロレーヌの中立化を主張することを閣議にはかった。グランヴィル外相は、もはや時期おくれであり、成功の見込みがないといった。グラッドストンはつぎには私的な仲介者を通じてビスマルクに連絡をつけたが、冷たくあしらわれた。

## ❖小学校教育の充実

イギリスは近代化がもっとも進んでいる国であるといわれながら、初等教育はたいへん貧弱で、プロシア、スイス、アメリカよりも遅れていた。

南北戦争における北部の勝利は、「公立小学校の勝利」であり、一八六六年プロシアがオーストリアに大勝したのは、プロシアの「小学校の先生たちの勝利」といわれた。なにも戦争に勝つためばかりではない。産業と技術が進歩し、また外国の産業の競争力が強化されてくると、この方面からも国民教育の必要が痛感されてきた。

イギリスでは、国家が国教会の経営している小学校に補助金を与えて、国民の子弟の教育を行なってきた。一八六九年ごろ、イギリスの学齢人口のうち、六割はなんらかの学校教育を受けていたが、きわめて不十分なものであり、残りの四割が問題であった。

そこで、急進派出身の文相であったフォスターが作成した「一八七〇年初等教育法」が、激しい論争ののち成立した。これは、私立学校には政府の補助金を増額し、また地方ごとに選出された学務委員会の監督の下に公立学校を設置し、政府の補助金、授業料、地方税によって維持されるものとした。

宗教教育の可否が深刻な論争を生んだ。結局、私立学校では宗教教育を行なってもよいが、父兄の反対があったときは、強制してはならない。公立学校では国教以外の特定宗派の宗教教育は行なってはならない。小学校教育はなるべく義務教育化すべきではあるが、そうするかどうかは各地区の学務委員会の決定にまかせる、というのである。

一八七〇年の教育改革は義務教育への前進であったが、全面的な実施にはいたらず、また宗教教育に関しては、国教徒以外に不満が残った。文相自身は既設の宗派諸学校を買収して、それを非宗派の公立学校に変えることを希望していたが、首相が国教会主義であったため、国教会に有利な改革となった。

イギリスの初等教育の義務制が実現するのは一八八〇年である。後進的な日本ですら、義務教育制度の基礎が一八七二年(明治五)の学制発布によっておかれ、一八八六年(明治一九)には制度的に確立したことを考えると、イギリスの教育制度の進歩はずいぶん遅れていたわけで

エッグ-ダンス
1872年３月６日の『ジュディ』誌に掲載されたもの。そのころ急激なすり足動作をする有名なダンサーがいたが、この絵はグラッドストンが多くの難問題をかかえているのを諷刺したものである。卵には無記名投票、陸軍改革、アラバマ号請求、腐敗行為などの文字が書かれている。

ある。

## ❖大学・官吏採用・陸軍士官

学位制度にも、まことに遅まきという感じのする改革がある。ケンブリッジやオクスフォードの学生が学位を得たり、大学でなんらかの地位につくには、これまで、国教を認めることを宣誓しなければならなかった。

これが一八七一年に廃止され、非国教徒やカトリック教徒にも学位が解放された。真理探求の世界にまで国教主義が残っていたとはおどろくべきことである。

この年には高級官吏の任用制度に大改革があった。官吏はそれまでは推薦制度をとっていたので、政治家を背景とした情実任用が多かった。ヨーロッパでは、中国に古くあった科挙の制度にヒントを得て、試験による任用が行なわれ始めていたが、イギリスも試験制度をとり始めた。

しかし外務省官吏だけは例外となっていた。これはクラレンドン外相が反対したからである。グラッドストンはアイルランド土地法についてクラレンドンの同意をとりつけるために、クラレンドンのこの反対を認めてしまった。その結果、イギリス外交官には依然として名門出身者が多いということになった。

官吏制度から情実任用をやめるのは、官吏を政党から独立させるほか、官吏の質を高めるのに役立つものであった。しかし、これも完全な自由競争ではなく推薦された者に試験を課すというものであった。

一九世紀のイギリスの小説、たとえばサッカレーの『虚栄の市』などを読むと、将校が昇進するには金を出す制度となっているのが奇異に感ぜられる。フランスではすでに八〇年前、フランス革命のときに軍隊昇進の方法が民主化しているのに、先進国のはずのイギリスにこんなおかしな制度が残っていたのである。これも貴族の勢力が残っていたからである。

陸相カードウェルは陸軍統制法によってこの売官制を廃止しようとしたが、貴族が激しく反対した。グラッドストンは女王とめんどうな交渉を重ねたうえ、ついに女王の大権によってこの制度を廃止した。

議会の保守派は廃止に怒り、急進派は大権の力をかりたことを不満とした。

立憲政治の黄金時代にあったといわれているイギリスで、国政の個々のことについて、君主個人の干渉がしばしばあらわれることは注目に価する。

ヴィクトリア女王時代の君主の国政における重みは、日本国憲法制定前の、なかば絶対主義的であるといわれる天皇よりもはるかに大きなものであったといえる。

こういう点では、君主個人の意志は無視されて、君主の名をかりる重臣、軍閥などの意見が支配した日本の場合とはだいぶんちがっている。

### ❖遅まきにできた秘密投票制

もう一つの驚きは、秘密投票制が一八七二年にはじめて実現することである。投票はそれまで国会と地方議会の選挙のいずれも、口頭で行なわれていた。そのため地方の有力者による脅迫や買収がさかんで、選挙の公正が期せられなかった。

口頭投票存続を支持する意見として「人々が秘密のなかに行動する動機は、一般に、公開のなかで行動する動機よりも劣るものである」というのがあった。「匿名《とくめい》の投書は採用しない」というのと似ている。投書の場合でも、名前を知られると身に危険が及ぶ場合は匿名を認められるのが普通だが、ましてだれに投票したか地主や雇主に知られた場合の弊害ははるかに大きい。

長いあいだ実施していた口頭による投票制の欠陥が、第二次選挙法改正後の最初の総選挙である六八年のそれで暴露した。あらたに有権者となった労働者が、雇主の監視、牽制を受けたのである。雇主の労働者に対する圧力は、地方ボスの一般民衆に対するものよりはるかに強く、かつ直接的であるから、その弊害が大きかった。

秘密投票制は、植民地のオーストラリアで早くから始まり、ヨーロッパで行なわれ、専制主義の残っているドイツですら、一八六七年北ドイツ連邦で行なわれていた。イギリスには、ドイツよりおくれること四年で導入されたのだ。秘密投票制は、この時代においてすらまだ反対が多く、上院では一時しりぞけられ、政府内でも自由党右派が敵意をいだいていた。

秘密投票法案は一八七一年、下院を通過したが、上院で否決され、翌年再提出されて七月一八日ついに成立した。いったん成立したイギリスの秘密投票制は、まことに綿密なものであった。当時は識字率がまだ低かったので、かれらの意志を公正かつ秘密に記録するために綿密な配慮がなされた。

秘密投票法はとくにアイルランドで影響が大きく、これによって下院に強力なアイルランド国民党が成立することになった。

## ❖労働運動に対する理解の限界

一八七一年には労働組合法ができた。これで労働組合が資産をもち、法律にもとづいて労働運動を守ることが認められた。ところがピケット（スト破りを防ぐための見張り）を法律違反としたり、ストライキ破りを妨害する者に罰金を課することを定めたので、労働者は不満であった。

外国の後進国民やアイルランド農民のこととなると一生懸命になるグラッドストンも、ストライキを骨抜きにするような、ピケットやストライキ破りについての労働者の不平はとり上げなかった。かれは自由主義的改革には耳をかたむけるが、労資の対立における基本的問題は理解できなかった。これがかれの理解力の限界である。

グラッドストンはいろいろな重要な改革をやったが、「行きすぎ」に反対する人や「微温的」に不満な人々をふやしていった。

教育法では非国教徒や頑固な国教徒が離れていき、軍の売官制廃止は上層階級を怒らせた。内閣の支持層は減り、まさつが多くなった。

一八七三年、アイルランドの諸大学を一つにまとめて、カトリック教徒にも新教徒にも同じように開放する法案を提出したが、少数の差で敗れてしまった。かれは辞表を出した。

ところが反対党の首領ディズレーリが組閣を拒んだ。保守党は、女王が議会解散の手段をとることを認めたけれども、少数党のままで政権をとることは拒んだ。グラッドストンは、保守党が政府案を倒したかぎり、後継内閣を組織するのは、憲法上の義務であると主張した。ディズレーリは、総辞職の理由が適当でない、と答えた。二人は一週間、こういう意見の交換を、女王あての手紙の形式でやった。どちらも首相となることを欲しなかった。

最後に、グラッドストンが折れて、ふたたび首相の地位についた。しかしこんなことで意気

ハワーデン城　1894年ごろ

もくじけ、評判もおちた。

このあと一〇か月、かれは首相の地位にあった。そのあいだにやった仕事のうちで、裁判所制度の改革が重要である。イギリスでは中世以来、中央、地方に複雑な法廷があったが、この改革で総合的な、最高裁判所を創設することになり、つぎの内閣のとき、一八七五年から実施された。

### ❖ディズレーリの水晶宮演説

グラッドストン内閣は内政改革のうえで大きな成績をあげたが、外交ではイギリスの威信を低めるところがあり、国民の不満を買っていた。

時代の要求を早くも察知したディズレーリは、一八七二年六月二四日、ロンドンの水晶宮で、多くの人々を前に、帝国主義政策の確立を訴えた。

「もし諸君が四〇年前の自由主義登場以来のわが国を

調べたならば、イギリス帝国の解体をもたらそうとする自由主義の企図ほどに、たえまなく巧妙になされた努力、多大な精力をかけて支持され、すぐれた手腕と鋭敏さで遂行された努力はなかったことがわかるであろう」

といって、グラッドストンの自由主義の「欠陥」を批判し、

「この問題はけちな問題ではありません。それは諸君が、大陸風の原理にもとづいてつくられた快適なイギリスに甘んじて、やがて来たるべき不可避な運命にあうかどうか、それとも、諸君が偉大なる国、帝国的な国、そして諸君の息子たちが成人したとき、かれらが卓越した地位にのぼり、同胞の敬意を得るばかりでなく、世界の尊敬を集める国をつくるかどうかということであります」

と語った。

## ❖自由党大敗

一八七四年二月、議会が解散されたが、総選挙の結果は、保守党三五〇、自由党二四五、アイルランド国民党五七で、保守党は空前の大勝利をおさめ、ピット以来最大の多数党となった。

グラッドストンは前回ディズレーリがつくった先例にしたがって、議会開会前に総辞職を決行し、ハワーデンの古城に引退した。

総選挙のときグラッドストンは年すでに六四歳になっていた。かれが尊敬するカニングは五七歳で、ピールは六二歳で死んだことを思い浮かべ、自分はもう十分に国家のために奉仕したと考え、友人への手紙に、

「議会と墓場のあいだに幕あいを作りたい」

と書いた。そして、首相辞任後一年で自由党首の地位もハーティントンにゆずった。

### ❖ローマ教皇攻撃

しかしかれの闘志はまだ鈍ってはいなかった。首相辞任の年の秋、かれはローマ教皇の攻撃を始めた。

　これより前、教皇ピオ九世は一八六四年の教皇回勅で、自由主義などの一九世紀思想や、教会に対する世俗国家の優越を非難した。教皇はさらに一八六九年、三世紀ぶりでカトリック教会の世界的公会議（宗教会議）であるヴァティカン公会議を召集して、教皇不可謬《ふかびゅう》の教義を宣言し、教皇権の世俗国家に対する優越を強調し、信仰と道徳の問題について、政治の領域にまで勢力をのばそうとした。

**ローマ教皇ピオ９世**
ヘリヤールの石版画

カトリック教徒の大部分はこれに従ったが、一方では各国に激しい反対が起こった。グラッドストンも攻撃の仲間に加わってパンフレットを書き、

「何人《なんびと》もかれの道徳的精神的自由を放棄し、かれの市民的忠誠と義務を他の者の自由に任せないかぎり、ローマ教会の信徒になることはできない」

と論じた。

パンフレットはただちに一五万部も売れた。カトリック教徒を攻撃するのは政治的につごうが悪いなどということは、一徹なグラッドストンの顧慮するところではなかった。

かれの説には共鳴者が少なくなかった。しかしそれ以上に多くの人々がローマ教皇の文書などは新教徒には関係がなく、イギリス前首相ともあろうものが、国民のなかにも信徒がいるカトリック教会を、わざわざ攻撃することは、ひかえるべきであると考えた。

# 第二次ディズレーリ内閣

第２次ディズレーリ内閣
左端がダービー伯、座している２人のうち、左からディズレーリ、ソールズベリー。

## ❖ピット以来の多数党

二月一七日、ヴィクトリア女王の使者はディズレーリの新居、ホワイトホール-ガーデン二番地を訪れた。翌日午後〇時半、かれはウィンザー宮殿にはいった。

六年間も無骨で謹厳すぎるグラッドストンを相手にして気疲れしていた女王は、ディズレーリの大勝を心からよろこんだ。女王はディズレーリの能力・愛国心・王室に対する真剣な献身をよろこび、かれを深く信頼していた。ディズレーリが女王の自尊心に適当にへつらっていたという非難があるが、それは根拠のないことではなかった。しかし、君主制に対するかれの信仰や、ローマン的気質が女王への献身を生みだしたことも確かである。

ディズレーリはヴィクトリア女王を、エリザベス一世時代の詩人、エドマンド＝スペンサーの詩『妖精女王』になぞらえて「妖精」といった。

ディズレーリ保守党内閣は、グラッドストン内閣時代の労働組合法が、平和なピケットに課していた制限を撤廃して、争議行為の自由を拡大した（一八七五年）。また職工住宅法によって、労働者住宅の改善に、改府としてはじめて大規模に乗り出した（一八七五年）。各種の工場法規も制定した。一八七五年にできた公衆衛生法は、こんにちまでイギリスの衛生関係法規の基礎になっている。

保守党がこのような社会政策を行なうことは、一見すると奇異な感じがするが、保守党には、社会政策をとりいれることが保守党の生きる道であるという考えがあったのだ。

## ❖スエズ運河株をねらえ

ディズレーリは青年時代の近東旅行以来、近東には深い関心をもっていたが、はからずもかれの資質を発揮する事件がもち上がった。

一八六九年に開通したスエズ運河は、イギリス本国とインドの距離を数週間分、数千キロ分短縮させた。一八七五年ごろ、運河を通過する船の五分の四はイギリスのものであった。

そのころでも、喜望峰廻りのイギリス船はスエズ廻りより多く、またスエズ運河を通るイギリスの輸出入物資は、世界全体におけるイギリスの輸出入物資の一〇分の一にすぎなかった。しかし、この運河の重要性が将来増大することは明らかであった。そして商業的価値よりも戦略的価値が大きかった。ふたたびインドに反乱が起こり、ロシアがインドに侵入したときには、スエズ運河は増援軍を輸送するのに決定的に重大な役割をはたすだろう。

このころ、エジプトとスエズ運河会社にもっとも力こぶを入れていたのはフランスであった。エジプト公債の大部分はフランス人が購入していた。スエズ運河会社の創立者分の株の全部と、通常株の五六%はフランス人がもっており、通常株の残りは、エジプトの藩王イスマイル＝パシャの手にあった。

イスマイル＝パシャは財政難のため、自己の運河株を一八九五年までという期限つきで抵当に入れていた。かれの財政難がもっと悪化して、ついに破産した場合には、フランス政府がエジプト介入の絶好の機会とするだろう。そうなれば、イギリスの植民帝国の決定的利益がおびやかされる。

このような事態は運河会社にも悪影響を与えるので、会社は当惑した。運河建設をとなえて、建設を指導したフランス人レセップスは、窮境を打開する方法として、運河通行料を引き上げようとした。

運河運営の国際委員会は、会社の約款《やっかん》の違反であるとして反対した。それでもレセップスは値上げを実施しようとしたが、イスマイル＝パシャが軍事行動に出たので値上げを思いとどまった。

## ❖ユダヤ人ロスチャイルド登場

ディズレーリはレセップスから利権を買い上げる可能性があるかどうかを調査させることにし、英国籍のユダヤ人の銀行家ロスチャイルド男爵の息子をパリに派遣した。

しかし、レセップスは株の譲渡をことわった。もうそのころはフランス政府がうしろだてになっていた。

これでイギリスの出番はもうなくなったと思われていたが、新しい状況が展開してきた。トルコ皇帝が一〇月に破産したので、イスマイル＝パシャも破産することが予想されるようになった。運河会社株全部で四〇万株のうち、当時かれの持株は一七万六六〇二株であった。

イスマイル＝パシャは一一月初めから、この株を売却することについて、たがいに競争関係にあるフランスの二つのシンジケートと秘密の交渉を開始した。それは、エジプト公債のつぎの利子を支払うのに必要な額を集めるためであった。

この情報を、金融業者のヘンリ＝オッペンハイムが『ペル－メル－ガゼット』紙の主筆フレデリック＝グリーンウッドに知らせた。

一一月一五日朝、グリーンウッドは外務省に外相ダービー卿をおとずれ、事情を話し、イスマイル＝パシャが手放す株をフランスが手に入れたら、運河会社が完全にフランスのものになるから、イギリス政府はそれを阻止しなければならぬと強く勧告した。

ダービー外相は先例のないことには消極的になるたちであった。組閣のときも初めディズレーリは、ソールズベリー侯を外相にしたかったのだが、ことわられたので、ダービーに外相の椅子《いす》がまわったのであった。

はたしてダービー外相は、イギリス政府が株を引き受けることをことわった。

これとは別に、ディズレーリ首相は、前日の日曜日、いつもの習慣どおりロスチャイルド家で主人と食事をともにしていたとき、エジプト藩王の動きを聞いていたらしい。

株買入れのために資金が必要であるが、議会閉会中なので、政府の責任で金を借りなければならない。

閣議では議論が沸騰した。担当大臣の外相も蔵相も反対であった。激論一時間半ののちついに首相が押し切った。

それからあとのことが、ディズレーリの秘書官コリーの話として伝わっている。

閣議室の外ではコリーがじりじりしながら待っていた。ドアがすーっと細めに開かれた。ディズレーリがドアのあいだから顔を出し、小声でいった。

「イエース」

コリーは椅子から立ち上がり、ただちに外に走り出し、待たせてあった馬車に飛び乗った。ロスチャイルド家に着いて、主人の部屋に通されると、ちょうど食事中であった。コリーはいった。

「スエズ運河株買収のため、首相が四〇〇万ポンドを借りたいと申しています」

「いつまでに?」

「あすまでにです」

ロスチャイルドは、テーブルの皿から、マスカットぶどうのひとつぶをつまみ上げて口に入れ、皮をぶっと皿の上に出した。

「それで、担保は」

「イギリス政府」

「出しましょう(You shall have it.)」

コリーの伝えるこういう経過は、かれの記憶のみによって伝えられており、そのまま事実かどうかはわからない。イギリス元首相ウィンストン＝チャーチルは、ノーベル文学賞を得た

『イギリス人民の歴史』のなかでこれにふれ、歴史上の「これらのきらきらと光るおもちゃ」をけなすのは惜しいといっている。

事は急を要した。交渉を受けたフランスのシンジケートの一つは、すでに株購入の前渡金を支払った。購入期限は一一月一九日。もうあと二日しかない。

ところがイギリス側に幸いなことには、前渡金を払ったシンジケートが、パリ金融市場で資金を調達するのを、もう一つのシンジケートが妨害した。

## ❖「それは陛下のものです」

これで運がイギリスのほうに傾いたはずだが、やっかいなことには、エジプト藩王の行動には気まぐれなところがあった。かれは、イギリス政府がかれの株を購入する用意があるということを、一七日に聞き、自分でもそれに同意しておきながら、翌一八日に最初のシンジケートとの交渉を開始した。

だが藩王の条件は虫のいいものであった。売るのではなく、抵当にいれるだけで金を融通せよというのだ。

そのころはスエズ運河の発展の見通しは十分でなかったから、株価も低く、株購入のためにパリの金融市場で資金を調達することはたいへん困難であった。

レセップスはフランス政府が乗り出すように嘆願した。

年がかわってまた事情が変わった。一八七五年四月八日、ベルリンの『ポスト』紙が『戦争は見えているか』という社説をかかげて、フランスの新しい陸軍法にふれ、対フランスの戦争が近づいているといった。ドイツに敗北してから四年しかたっていないフランスでは、大さわぎになった。フランス外相ドカズは、ドイツのビスマルク首相を非難するように、イギリスとロシアに呼びかけた。両国政府はこれに応じてビスマルクに働きかけた。

フランスは、ドイツがフランスをおびやかしたときには、イギリスやロシアがだまっていないことを知って心強く思った。

ドカズ外相はダービー外相に、フランス政府がエジプト藩王の株を買うことについて、イギリス政府の反応を打診した。ダービーはかれにしてはめずらしく、断固たることばで、イギリス政府が反対することはたしかである、と回答した。

イギリスの好意をつないでおくことが必要であると考えたドカズ外相は、レセップスの嘆願をしりぞけた。これでフランスのシンジケートは資金調達が不可能になった。

こうなっては、イスマイル＝パシャはイギリスの申し出に応ぜざるをえなくなった。一一月二三日、かれは一株四ポンドで、持株全部をイギリス政府に売却することに同意した。二六日、その株券はカイロのイギリス領事館に移された。

「強打―とくに打者にとっては」
スエズ運河株の買収はすばらしいことと思われているのに、反対党はこれにけちをつけた。そのむくいでひどい目にあう。ピラミッドには、「スエズ運河株。良い投資。商業上の利点。政治的必要」と刻まれている。左側で頭をぶつけているのはグラッドストン。
1876年２月23日『ファン』紙より

交渉経過を刻々と女王に知らせていたディズレーリは、一一月二四日付の女王あての手紙のなかに書いた。

「ただいままとまりました。それ（運河）は陛下のものです」

女王は交渉の成功にたいへん満足した。イギリス国民もよろこび、世論はディズレーリの果断なやり方を賞讃した。

グラッドストンは、イギリスがエジプトに介入するようになるとして強硬に反対したが、自由党の幹部が大賛成であったので、党の大勢も賛成に傾いた。

翌年の議会での討論で、グラッドストンは反対したが、運河株購入に関する法案は圧倒的多数で可決された。反対派は、イギリスの財政に大損害を与えたと非難していたが、その後の株価の値上がりは、その非難に根拠がないことを証明した。株価は、第一次世界大戦前までの四〇年間に一〇倍に値上がりしたのである。

## ❖インド女帝

一八六五年ディズレーリは女王のひそかな希望を思いやり、かつイギリスとインドとの結びつきを強化するために、女王にインド女帝の称号を加えることを企て、そのための王室称号法を制定しようとした。

女王はたいへんよろこんだが、教養階級はこれに激しく反対した。この名は「非イギリス的」であるというのである。

またナポレオン三世が推せんしたメキシコ皇帝マクシミリアンが、メキシコの共和派によって銃殺され、また皇帝ナポレオン三世自身も没落してまもないときであるから、皇帝という名にはケチがついていた。

結局、この称号はインドだけで用いるということで妥協がついた。

スエズ運河がエジプトのものとなり、インドが独立したこんにちから見れば、ディズレーリの苦心はピンと来ないところがあるかもしれない。しかし、スエズ運河やインドの領有が、イギリスのその後の発展に大きな影響を与えたことをおもえば、ディズレーリの行動の歴史的重

ヴィクトリア女王のインド女帝宣言
1877年2月『ヨーロッパ画報』より

要性を無視することはできない。

### ❖下院を去る

ディズレーリは政治の成果をあげて、その名声が高まっていたが、かれの健康はしだいに衰えていった。かれは、このような健康状態では、議会で討論の衝に当たることはとうてい不可能であるとおもい、政界から引退しようとした。

かれはダービー外相に首相となって保守党内閣をつづけることを頼んだ。ダービーはすぐさまことわり、ディズレーリ以外の人の下で外相としてとどまる気はないといい、ディズレーリが貴族となって上院へはいり、そのまま首相の職をつづけるべきだとすすめた。上院に行けば、下院の指導者という激務だけは免れることができるからであった。閣僚たちはみな同じ意見であった。

**ヴィクトリア女王とディズレーリ**
1877年12月15日、女王がディズレーリをヒューエンデン館に訪ねたとき。ハイ-ウィコム駅にて。

ヴィクトリア女王もかれの辞職を認めなかった。そして上院にはいって、下院の首領をやめるがよかろうとすすめた。

ディズレーリは貴族の爵位を授けられ、ビーコンスフィールド伯となった。

八月一一日深更、自由党幹部のハーコートが、トルコ政府のブルガリア人虐殺に対してイギリス政府がなんら適切な手段をとらないとして、政府を攻撃した。

ディズレーリ首相はこれに答える演説をし、最後に、

「わたくしの現在の責務は、大英帝国を維持することである」

とむすんだ。これが下院における最後の演説であった。四〇年の下院の生活を回想して、かれは落涙した。

翌日、かれがビーコンスフィールド伯になったことが発表されると、全国民がおどろいた。ハーコートはディズレーリに送った手紙につぎのように書いた。

「親愛なるディズレーリ君。このように君を呼べるのはこれが最後でしょう。……これで貴下は上院をあまりに富ませ、下院をはなはだしく貧しいものにした。これからの仕合いは、クィーンのないチェスのようなものだ。兵隊ばかりのこぜりあいになるだろう……」

国民は、ディズレーリが平民からいちやく伯爵に叙せられたことを、かれの功績からみて当然のこととした。ただグラッドストンだけは、

「なぜ公爵にならなかったのだ」

と毒舌をはいた。

## ❖ロシア-トルコ戦争

クリミア戦争では、ロシアの侵略を免れたオスマン帝国（トルコ）も、ロシアが敗戦の打撃から回復すると、ふたたびその侵略政策の対象とされた。一八七〇年、ロシアは、普仏戦争が起こると、まずクリミア戦争の講和のとき決められた黒海中立の協定を破棄した。

つぎに、バルカン半島の、オスマン帝国内の従属民族の反乱を起こした。一八七五年、ボスニアとヘルツェゴヴィナで反乱が起こり、翌年ブルガリアに波及し、トルコ人とブルガリア人

**シプカ峠の戦いのあと**

シプカ峠はブルガリアにあるバルカン越えの重要な道路。ロシア-トルコ戦争のとき、ロシア軍がこの峠を占領し、オスマン大軍の総攻撃にあったが、半年間ここを死守した。ロシアの画家ヴァシリー=ヴェレシチャーギンがこれを題材に画いた。現代戦の惨状を予告するものとして有名。

のあいだで、虐殺事件がくりかえされた。この機に乗じてセルビアやモンテネグロもオスマンと戦ったが敗北した。ロシアもスラブ民族の独立を援助するという名目で、オスマン帝国との開戦を準備し始めた。ディズレーリは、ロシアに対抗して、オスマン帝国の独立と領土保全を主張した。

一八七六年一二月、イギリス・フランス・ロシア・オーストリア・ドイツ・イタリアの六か国は、コンスタンティノープル会議を開いて、内政改革をオスマン政府に勧告した。

オスマン政府はとつぜん憲法を発布して、六か国の内政改革案を拒絶した。

一八七七年四月二四日、ロシア政府は、汎スラブ主義グループの圧力にあって、オスマン帝国に宣戦を布告した。ロシア軍は、ルーマニアを通過してドナウ川を越え、シプカ峠を占領し、オスマン=パシャの守るプレヴナ要塞を包囲した。オスマン＝パシャは五か月にわたって要塞を堅守して、ロシア軍の南下をくいとめた。かれの勇敢さは世界の注目をひき、とくにイギリス国民の同情を集めた。

半年ののち要塞を陥落させ、翌七八年一月にはアドリアノープルにせまった。

イギリスはオスマン帝国が崩壊するのを恐れて、コンスタンティノープルまで軍隊を派遣した。イギリス国民のなかでも主戦論が起こった。しかし結局オスマン政府は屈服して、一八七八年三月三日、サン＝ステファノ条約をむすんだ。この条約でオスマン政府は、セルビア・モンテネグロ・ルーマニアの独立を確認し、ブルガリアに自治権を認めたうえ、マケドニア地方の大部分を与えることになっていた。

この戦争のときグラッドストンはオスマン帝国を支持するディズレーリ内閣の外交政策に対して、議会の内外で活発な批判を展開した。

しかし、自由党の新しい党首であるハーティントンは、近東のキリスト教徒の運命に重点をおいて、ロシアの侵略的意図を軽くみるグラッドストンの見解には同調しなかった。

しかし政府側の意見も割れていた。反ロシア感情の強いヴィクトリア女王は、ロシアに対して強硬な態度をとることを主張し、それが内閣に受け入れられなければ退位するとまでいった。一方では、ダービー外相はロシアに対して強硬な態度をとることは、イギリスを戦争にまきこむとして反対し、ついに辞職してしまった。

サン=ステファノ条約、とくに大ブルガリアの建設は、ロシアの南進の野心を露骨に示すものであった。イギリスは、平和条約の内容は国際会議に付せられるべきであると主張し、ドイツのビスマルク首相も「正直な仲買人」の役を買って出るという議会演説をした。ロシアは国際会議を受諾した。

ロシアの侵略主義を非難したディズレーリ内閣は、一方ではオスマン帝国の敗戦のどさくさを利用しようとして、予備兵を召集して、オスマン領である東地中海のキプロス島占領のために派遣し、キプロス島をイギリスに譲るようオスマン政府と交渉した。ディズレーリの行き方は、国民に受けた。

これとは逆に、グラッドストンがオスマン帝国の暴状に重点をおいて論ずるのは、ロシアがオスマン侵略の口実に使うのと同じであるとして、国民の反感を買った。ロンドンのかれの邸宅は暴徒におそわれ、また街頭でグラッドストン夫妻は「ロシアの手先」とののしられた。

四月一六日、イースターのため下院が休会になった。政府は、休会中には重大な政策変更はしないと約したが、翌一七日、七〇〇〇人のインド兵をマルタ島に送ったと発表した。

議会が再開されたとき、グラッドストンら自由党の幹部は、インド兵出兵の措置は、憲法違反であり、常備軍の数を決定している一六八九年陸軍処刑法の違反であると論じた。しかし両院は、絶対多数で政府の措置を支持した。

## ❖ベルリン会議のライオン

ビスマルク首相が、サン=ステファノ条約を検討するための国際会議に参加することを、各国政府にすすめると、イギリスはただちに出席を通告した。イギリス全権はソールズベリー外相であった。

ディズレーリはすでに七三歳であった。女王はかれの健康を心配して、かれの出席に異議をとなえたが、かれはそれを丁重にしりぞけた。

ベルリンまでの旅はまるでレジャーのようで、四日もかけた。第一夜は北フランスのカレーに泊まり、第二日はベルリンでベルギー王と会食し、第三日はケルンに泊まり、四日目にベルリンのカイゼルホーフ=ホテルについた。

ホテルのかれの部屋には、大きな花かごがおいてあった。ヴィクトリア女王の王女で、ドイツ皇太子妃であるアウグスタ妃殿下からのプレゼントであった。

夕食中にビスマルクの使者がやってきて、食後に面会したいというビスマルクの申し出をつたえた。九時四五分、ディズレーリはビスマルクを首相官邸に訪問した。

二人はどちらも「現実政治」をやる点をほこっていた。二人ともバルカン諸民族の要求にはまったく無関心であり、それを大きな外交の競技におけるじゃまものとも、ヨーロッパの勢力均衡を妨げるやっかいものともみなしていた。

ディズレーリはサムナーがいったように、はじめから「会議のライオン」であった。いろんな人がかれに会談したがった。かれの風変わりな経歴や神秘的な出身が、ベルリンに集まった国際人たちに魅力であった。かれの青年時代をモデルにしたかれの小説がとうに絶版になっていたのに、ふたたび読まれるようになり、とくに『ヘンリエッタ＝テンプル』を読むことが社交界で流行した。

ベルリンでは、ビスマルクや皇太子妃がディズレーリをしばしば食事に招き、各国の代表団がパーティーを開いた。レセプションと晩餐会が毎晩開かれ、ディズレーリはそれらにほとんど出席した。

かれは、会議とベルリンの様子をいきいきとえがき、おもしろい話をつたえる報告を毎日女王に送った。

六月一三日、ベルリン会議はイギリス、ロシア、フランス、ドイツ、オーストリア＝ハンガリー、イタリアの参加のもとに開かれた。その前夜ラッセル駐独大使がホテルにディズレーリを訪ねてきた。ラッセルは、

「今日ベルリンで、閣下が明日の会議にフランス語で演説されるという噂が立っております。

もちろん閣下のフランス語はみごとでありますが、こんにちこの会議に集まった人々の大きな楽しみの一つは、現代イギリス第一の雄弁家の英語演説が聞ける、ということであります。閣下は明日かれらを失望おさせになりますか」

とたずねた。ディズレーリは答えた。

「その点はよく考えておこう」

翌日かれは英語で演説した。そして会議中ずっと英語で通した。それは、国際会議の用語はフランス語に限る、長いあいだの慣例を破ったものであった。

このエピソードには裏がある。ディズレーリのフランス語は、中年以後に勉強したもので、すこぶる不完全であった。発音がとくにおかしかった。随員たちはディズレーリがフランス語で演説するらしいと知ってたいへん心配し、ラッセル大使に相談した。その結果ラッセルがディズレーリに話をもちかけたのである。

ラッセルは後年になってこの話を人に語るたびに、

「いったいビーコンスフィールド伯は、わたくしのいったことをことばどおりにとられたか、あるいはわたくしのことばの裏の暗示をさとって、フランス語をやめられたのか、きょうになってもまだわたくしにはよくわからない」

といった。

## ❖会議は荒れる

開会式はビスマルク首相官邸で開かれた。ビスマルクはロシアの首席全権ゴルチャコフと腕をくんで話をしているとき、リューマチの発作で床に倒れた。体の小さいゴルチャコフもいっしょに倒れた。ビスマルクの飼っていた猛犬は、二人が格闘しているのだと思いこんだのか、ゴルチャコフにおどりかかった。かれは危うく難を免れたが、いつまでもビスマルクをうらんでいた。後年、ゴルチャコフがロシア外交を反ドイツの方向にもっていったのは、このときのうらみによるという説もあるが、まゆつばものである。

六月一六日から会議は本格的に始まった。議題はブルガリアの国境問題であった。ディズレーリはバルカン山脈を新しいオスマン帝国の国境とし、それ以南ではオスマン帝国が完全な主権を行使すべきことを提案した。ロシア側はただちに反対して対案を出した。

その夜かれはビスマルク邸の夜会に招かれた。ビスマルクはたいへんおしゃべりで、老帝ウィルヘルム一世が気むずかしいといって愚痴《ぐち》をこぼした。ディズレーリはこれも女王に報告した。ディズレーリはビスマルクをよく観察し、のちに『エンディミオン』のなかでかれをえがいた。

一七日、イギリス・ロシア・オーストリア三国の代表だけで会合した。ロシア代表は、サン−

ベルリン会議

ステファノ条約で拡大されるブルガリア南半をそのままブルガリア領として認め、非武装地帯とする、という案を主張した。

ディズレーリは、

「南ブルガリア非武装案に対するイギリスの対案は、最後通諜であります」

と言い放った。

ロシア代表は色を失った。ロシア全権は本国に請訓した。

その翌晩イタリア大使館のパーティーで、かれはイタリアの首席全権コルティ伯に、

「もしロシアがきかなければ、わたしはこの会議をつぶしてやる」

といった。

コルティはすぐこれをビスマルクに伝えた。

ヨーロッパ大戦が起こるかどうかという瀬戸際《せとぎわ》にきた。

六月二一日の夕方がロシア側の回答の期限であった。その日の朝、秘書官とベルリン市街に散歩に出たディズレーリは、ブ

ランデンブルク凱旋門のあたりまで来たとき、ふと立ちどまって、秘書官に、今夜カレー行きの特別急行列車を仕立てるように鉄道のほうへいっておいてくれ、といった。

秘書官がそれをドイツの鉄道当局に伝えたので、「イギリス全権は引き上げる」として、関係者は色めきたった。

## ❖「名誉ある平和」

その日の夕方、ビスマルクがカイゼルホーク-ホテルに訪ねてきて、

「妥協の余地はないか」

とたずねた。

ディズレーリは、

「ない」と答えた。

ビスマルクがたずねた。

「最後通告と受けとってよろしいか」

「よろしい」

ビスマルクは自宅の夕食にかれを招いた。ビスマルクの家族といっしょに食事をとったあと、別室にはいって両雄は協議した。ビスマルクはディズレーリの最後通告はただのおどかしでは

ないと解釈した。

その夜おそく、ロシア政府が屈服したことがわかった。

ロシアのゴルチャコフ全権は、

「わが国は一〇万の兵を失い、一億の国費を投じながら、ただ幻影のためにこれを犠牲にした」と怒った。ブルガリアの領土が拡大されるかどうかというような問題で、イギリスが開戦するということは、あとになれば否定的な回答しか出ないことであるが、それが幻影であるということは、当時のペテルブルクの宮廷や政府首脳には断定できなかったのである。七月一三日、ベルリン条約は調印された。

ともあれ、ブルガリアの領土がエーゲ海に接するのに反対して、ロシアの地中海進出を阻止したディズレーリの業は、近代外交史上の大成功であった。キプロス島は毎年オスマン帝国へ年貢《ねんぐ》を納入するという条件でイギリスの管理地となった。

ビスマルクがディズレーリのことを評して、

「あの年寄りのユダヤ人、あれは人物なんじゃ」といったのが、有名になった。ビスマルクは書斎に、ウィルヘルム一世と愛妻ヨハンナの写真にならべて、ディズレーリの写真をかけ、そのいわれをたずねられると、

「わが君主、わが妻、そしてわが友」と説明した。一九世紀後期のヨーロッパ外交の雄ビス

マルクは、自分に匹敵する外交家を発見したおもいであったのだろう。

ディズレーリが帰国したとき、民衆はカンテラの灯をつけて、ドーヴァーの港に迎え、列車がチャーリング-クロス駅につくと、花と旗でかざられた駅は身動きのできぬほどの人が待っていた。

ディズレーリは「名誉ある平和」を持ち帰ったと賞讃された。戦争に訴えずに、自国に有利な条約をかちとったという意味である。このことばは、後に、ベトナム戦争に関して、アメリカ合衆国によって曲げて使われた。名誉ある平和をかちとるためには戦争をもっとつづけるのもいとわぬというのである。

ベルリン会議の最後には、痛風の発作で病床についてしまった。ディズレーリがソールズベリーにささえられて出てきたとき、この弱々しそうな人物がビスマルクを相手にまわして活躍したかと、人々は感嘆した。

ダウニング街一〇番地の首相官邸にはヴィクトリア女王の心づくしの花がかざってあった。

まもなくウィンザー宮に伺候したビーコンスフィールド伯は、女王の前にひざまづいて、最高の名誉であるガーター勲章を授けられた。実はかれはこの年の一月に女王が授けようとしたのを辞退したのである。今度も自分だけ受けずに、願ってソールズベリー侯といっしょに授けられた。女王は公爵にしようとしたが、かれは固辞した。

七月三〇日、ベルリン条約が批准のため議会にかけられたとき、グラッドストンは、ロシアに頼っているスラヴ人は多くのものを得、ギリシア人の要求は無視されたこと、そして、イギリス全権がギリシアの要求に反対したことを攻撃し、また政府が女王の大権を乱用して議会の同意をへずに条約を締結したことを攻撃した。

しかし外交政策に関する政府非難は一四三票の差で敗れた。

悪　例
パンチ博士「これはどうしたことだ？学校の最優秀生の君たち２人が、泥を投げ合うとは！恥じ入りなさい」1878年８月10日『パンチ』誌より

### ❖解散の時機を誤る

ディズレーリがベルリン会議直後に議会を解散したならば、保守党はふたたび大勝して、なお六年間、政権を維持することができたであろう。そうすればかれは安定した保守党政権のもとで引退できたはずである。しかし、一八七八年夏にはまだ下院議員の任期は二年残っていたので、ディズレーリは議会の解散はしなかった。

ところがそのすぐあとで、内外にまずいことが起こった。一八七九年は、一九世紀を通じて最悪の穀物不作の年であった。貿易も不振で、ストライキがしきりに起こった。

この年インドの西北境でアフガン人が乱を起こしたとき、インド総督はディズレーリの訓令にそむいて武力鎮圧策をとり、しかもさんざんに敗北した。また南アフリカの英領ケープ植民地にブーア人のトランスヴァールを合併したとき、原住民のズールー人が蜂起してイギリス兵多数を殺した。国民はアフガン人とズールー人との戦争が長びき、イギリス兵の血がはてしなく流されることに不満をもった。下院ではアイルランド国民党が議事妨害戦術をつづけた。

## ❖グラッドストンのミッドロジアン演説

一八七九年一月、グラッドストンはつぎの総選挙に出馬する選挙区をスコットランドのミッドロジアン州に変えた。スコットランドはかれの祖先の地であった。

議会の解散は遠くないことが予測された。グラッドストンは遊説をこころざし、一一月二五日まずエディンバラでの第一声で、ディズレーリの拡張主義外交をとり上げた。アジアートルコの領土保全をイギリス単独で責任を負うという不可能なことを代償としてキプロス島を得たこと、英仏が共同してエジプトを事実上保護領化したこと、トランスヴァール併合、ズールー人撃滅、アフガニスタン侵略などをつぎつぎに弾劾し、栄光のまぼろしを追うことによって、多大の国費が乱費されたと非難した。

翌二六日、ダルキースで行なった演説のつぎのことばは歴史に残るものとなった。

「すぐる時代の誤りは、われわれに教訓を与えるために、われわれがそれをくりかえさないために記録されている……。われわれが未開人と呼ぶ人々の権利を忘れるな。かれらの粗末な家の幸福も、雪にうもれたアフガニスタンの丘陵の村に住む人々の生命の尊厳も、万能の神の眼においては、諸君の生命の尊厳とまったく同じく、おかすべからざるものであることを忘れるな」

二七日、ウェスト-コーダーで演説。そこにゆく街道にはたくさんの凱旋門が立てられ、町にもアーチがつくられ、夜はランタンが輝いた。この日、かれははじめて農業恐慌について語った。

二九日、エディンバラにもどり、四七〇〇人を前にして蔵相論を語り、ディズレーリのやり方を非難した。

ウェーバリー-マーケットでは、二万人の労働者に対してバルカン問題を論じ、キリスト教道徳によって外交に当たるべきことを示した。

一二月二五日、グラスゴー大学で演説。物質万能主義と不信仰に対する戦いを説いた。かれの演説はスコットランドでひろい反響を呼んだばかりでなく、新聞を通じて全国につたえられ、ディズレーリ反対の空気をあおった。

一八八〇年三月、ディズレーリは議会を解散した。選挙の結果は自由党三四九、保守党二四三、アイルランド国民党六〇であり、自由党は過半をはるかにこえる議席を得て大勝した。アイルランド国民党がかなり多いのは、秘密投票がかれらに有利に作用したからである。

ディズレーリ内閣は総辞職した。女王はディズレーリを公爵としようとしたが、かれは固辞した。さらに嗣子である甥《おい》を男爵にするというのも固辞した。かれは、多年かれの秘書官として働いたコリーを貴族とすることを女王に願い出て、聞きとどけられた。

七五歳のディズレーリは、半分まで書いてあった小説『エンディミオン』の完成にとりかかった。

これは主人公エンディミオンが姉の力で政界に出、妻の力で四〇歳の首相となるという物語であり、かれの経歴を反映している。

マルクス主義者のハインドマンはディズレーリを訪問して、社会改造についてかれと語った。政界の大物のなかではかれがもっとも労働者問題に理解があると見たからである。

一八八一年三月、ディズレーリは寒さのため気管支炎と喘息にかかり、四月一九日没した。

グラッドストン首相は国葬にしようと申し出たが、遺族は遺言にしたがってこれを辞し、ヒューエンデンの山荘に葬った。女王はワイト島のオスボンの離宮から帰り、したしくかれの墓をおとずれた。

女王はこのオスボン離宮とスコットランドのバルモラル離宮を愛して、しばしばここに引きこもった。

# 第二次グラッドストン内閣

女王に進言しているグラッドストン首相

## ❖女王はグラッドストンを首相にしたくない

　女王はグラッドストンを首相とするのをきらった。ディズレーリはハーティントンを首相に指名するよう女王に勧めた。しかし、ハーティントンは女王に対して、いかなる自由党政府もグラッドストンなしでは成立せず、グラッドストンは首相以外の席は受諾しないとのべた。

　自由党の両院指導者であるグランヴィルとハーティントンはいっしょに女王に会って、総選挙の結果は、国民がグラッドストン首相を要求していることを明白に示している、といった。かれらは、グラッドストンは老い先長くはありませんといって女王をなぐさめた。女王はやむなく、かの女のいわゆる「半気ちがいの扇動者」に組閣を命じた。

## ❖アイルランド問題の悪化

**お役人の店**
女王に対するディズレーリの忠勤ぶりを諷刺した。『パンチ』誌の漫画（1876年３月11日）。次の文がついている。「奥さま、何を差し上げましょう？王室委員会でございますか？少数委員会でございますか？紙でございますか？慎重な考慮でございますか？公式の調査でございますか？おおせのものは何でもととのえますでございます」

六年間（一八七四－八〇）つづいたディズレーリ内閣が、アイルランド人のためになんらの手をうたなかったことは、アイルランドの事態を悪化させた。

アイルランド問題の終局的解決はアイルランドの自治にあり、とする主張があらわれて、すでに一八七一年に、アイルランド選出下院議員を中心としてアイルランド国民党が組織され、やがてそのなかからパーネルが有能な戦闘的指導者として登場してきた。

パーネルはアイルランド人でも、小作人でも、カトリック教徒でもなかった。かつてイングランドから渡ったプロテスタント系の移住民の子孫であり、地主階級に属していた。

七二年の秘密投票法のおかげで、アイルランド人の投票に地主の影響がすくなくなり、アイルランド国民党選出議員の数が多くなった。かれらはイギリス人の政治家にアイルランド問題に目を向けさせるために、下院の議事に特殊な妨害戦術をこころみた。

イギリスの議会の慣習上、議員は行政府の行動について質問するのに、十分な機会を与えられていた。それは立憲政治の理想から出たものであり、これまでは乱用されることはまれであった。

ところが、アイルランド国民党議員は、しきりに議事引き延ばし動議を出し、またあらゆる問題についての発言にアイルランド問題をひっかけた。

一方では、一八七九年、アイルランド人の小作人出身のマイクル＝ダウィッドが「アイルランド国民土地同盟」を結成した。

同盟の目的は、不当に高い地代を引き下げ、小作人がその保有地を完全に買い入れることができるようにすることによって、アイルランド農業の破滅をふせごうとするものであった。

## ❖ボイコット氏がボイコットされる

一八八〇年、アイルランドでは二年つづきの不作のために地代支払いを滞らせて、土地を取り上げられる小作人が激増し、これに反対する騒動も二六〇〇件にのぼった。小作人みずからが妥当と認める額以上の地代は支払わぬという風潮がひろがった。

アイルランド西北のメイオー州でイギリス貴族の所有地の差配人をしていた退職軍人ボイコットは、そのような地代を受け取ることを拒絶して、小作人を土地から追い出そうとした。小作人たちはかれとの接触をたつように、周囲の人にひろく呼びかけた。

そのためボイコットは、召使いがいなくなり、パンは買えず、郵便物も来なくなり、収穫のための人手も得られなくなって、餓死寸前にまで追いこまれた。土地同盟はこの手をひろく使うようになった。

これが第二次グラッドストン内閣成立当時のアイルランドの情勢であった。グラッドストンは応急の打開策として、七〇年の土地法の恩恵の外におかれていた、地代不払いのために土地を取り上げられた小作人に、補償する法案を提出した。法案は下院を通過し、八月上院で圧倒的多数をもって否決された。

秋になって土地の取り上げと、これに反対する騒動はますますひどくなった。この年の冬、

「中途半端」

グラッドストン氏「さあ、エリン奥さん、とうとうあんたの興奮をしずめる薬を見つけたような気がしますよ。これを交代に服用するとまた丈夫になりますよ」

エリン夫人「いつもながら、あんたはわたしが何を欲しいかを間違えますね。中途半端なやり方では不満ですよ。必要なものを、わたしにくださるつもりがなければ、持物を一切まとめて行ってしまえ」

1881年1月15日『週刊フリーマン』紙より

グラッドストンは、新しい土地法案の起草に懸命であった。

要点は、調停裁判所をつくって、適正な、そして一五か年は固定する地代を査定し、また地区裁判所を設けて、不当に高い地代を引き下げる権限をもたせ、また不法な土地取り上げは受けつけないようにするものであった。

この法の影響によって、小作料は平均四分の一だけ低下し、小作権もいちおう安定した。しかし、このころには土地同盟はすでに土地国有化を前面に出し、いっさいの地代の支払いを拒絶することを、小作人に指令した。

八二年三月、グラッドストンは土地同盟を非合法とみなして解散を命じた。運動の急進化をおそれた中間層は運動から手を引き、農民の闘争は八三年に挫折した。

### ❖無神論者は議員になれない

新議会が開かれてまもなく、ノーサンプトンから選出されたチャールズ＝ブラッドローのことでやっかいな問題が起こった。

かれは無神論者であり、かつ新聞の自由のために戦ったことで有名な人である。議会開会直後行なう議員就任の宣誓では、聖書に手をおき、かつ「神われを助けたもう」という句のあることばをのべなければならないが、かれはこれを行なうことを拒否し、そのかわりに、ただ誠実な行動を誓うだけの、いわゆる「確言」ですますことを要求した。

議員のなかには賛否両論があり、結局、確言を認めることを拒否する主張が勝って、かれは除名された。翌年再選されたが、力ずくで議場から引き出され、ついで除名された。このあとかれが折れて宣誓すると申し出ても、無神論者という理由で拒否された。

グラッドストンはブラッドローをきらってはいたが、思想のゆえに議席を失うということには反対であった。しかも自由党のなかには反ブラッドロー派が多く、アイルランド問題に夢中になっていたグラッドストンは、大事の前の小事とみなして、積極的にかれを擁護しようとはしなかった。

ブラッドロー支持者はむしろ保守党に多く、ウィンストン＝チャーチルの父であるランドルフ＝チャーチルは、この問題の起こった一八八〇年にはまだ三一歳の若さであったが、ブラッドローを熱烈に支持した。ブラッドローは五年後になって、宣誓を許されて議席を得た。また一八八八年に議会や法廷で宣誓のかわりに確言することを認める宣誓法が成立し、宗教上の理由による公職排除の最後の残りかすがなくなった。

このときはもはや日本の帝国憲法発布の前年（明治二一年）である。これは宗教問題の根の深さ、イギリスの保守性の深刻さをつくづくと感じさせる事件である。

いったん議員となることを認められてからのブラッドローは、政務に熱心であり、議会の人気者となって、委員に選ばれたこともある。そしてかれが危篤におちいったとき、下院は満場一致で、以前の除名決議を議事録から削除することをきめた。

## ❖腐敗および不法行為防止法

こんにちの日本でも、国会や地方議会のたびごとに、買収などの不正が行なわれ、また法定費用をはるかに越えた金が、選挙に投ぜられているとされる。

議会政治の模範といわれるイギリスでも、かつては議員を選ぶ段階で、みにくい行為が行なわれていた。

有権者の範囲が拡大されることは、基本的人権の発達として歓迎すべきことではあったが、有権者の数が拡大すると、それより大きな比率で不正行為が増大した。

一八八〇年ごろ、ここ二、三年のうちに第三次の選挙法改正がなされ、有権者がさらに増加することが予想された。そこで一八八三年八月、腐敗および不法行為防止法ができた。

この法律によれば、自身で不正を行なった候補者は、その選挙区からの被選挙権を永久に失う。金銭支出の全責任は、一人に限られた選挙事務長が負うとともに、事務長が不正を行なったときには、候補者も連座責任を負う。運動員の数は少数に制限されるとともに、運動員が違反した場合ですら、議員の当選が無効になる。事務長が、支出申告にのせられないような裏口の支出を公式の運動員以外の者に渡して買収をやらせたときには、事務長自身も法的責任を負い、事務長は不正申告で七年の懲役、候補者は七年間被選挙権を失う。

今から一四〇年前の立法であるが、現在の日本の法律よりもはるかに厳しい。ところが、こういう厳しい法律によっても、網をのがれるものがいた。平生からいろいろな金を投じて、選挙区を培養する手である。

## ❖第三次選挙法改正

第二次グラッドストン内閣の最大の業績は、第三次選挙法改正である。一八六七年の選挙法改正では、小作人や農業労働者が除かれていたが、一八八〇年代にはいり、外国の穀物の流入によって穀物の値段が暴落し、農民が苦しんでしばしば争議が発生した。議会と議会外の急進派は、この階層にも選挙権を与えることを主張した。

グラッドストンは、一八八四年、第二次選挙法改正の重要な規準となった「戸主および一〇ポンド間借人選挙権」を州選挙区にも適用することを骨子とした投票権法案すなわち第三次選挙法改正案を提出した。

法案は下院をあっさり通過したが、上院は、この改正と同時に選挙区の再配分を行なって議席定数を是正すべきであると主張した。長い交渉の末、女王のあっせんもあって、グラッドストンは、議席再配分も行なうことを約束したので、上院は改正案を可決した。

この改正で州選挙民が九〇万から二五〇万すなわち約三倍弱にふえた。都市と州の合計では二六〇万から四四〇万に増加した。グレート-ブリテンとアイルランドの総人口の約一二～一三%が有権者となった。これはほとんど普通選挙に近い。この改正でもまだ有権者から除外されているのは、下僕、家族といっしょに住む独身者、一定住居を持たぬ者だけであった。

再分配 「あなたの鳥ですか、わたしのですか？」

### ❖議席定数是正法案

翌一八八五年、約束の議席定数是正法案が成立した。これによって、ロンドンは三七、リヴァプールは六、バーミンガムは四、グラスゴーは四、ヨークシャーは一六、ランカシャーは一五の議席を加えられた。

それとともに各選挙区から二人の議員を出す一三世紀以来の制度はほとんど廃止されて、一人一選挙区すなわち小選挙区制が原則となった。ただし、ロンドンのシティーと、五万から一六万五〇〇〇までの人口をもつ都市だけは例外とされた。人口一万五〇〇〇以下の都市選挙区は、州選挙区に吸収された。

こうして、古い歴史のある州や特権都市は、下院の基礎としては存在しなくなった。

それまでは一人の者が二か所以上で投票権をもつことができたが、個人が初めて単位となり、「一投票に一つの価値」という原則が生まれた。

中世末期、ヨーロッパ各国に生まれた議会は、身分制議会であり、諸侯の領地、教会・修道院・都市団体の代表者の集まりであった。イギリス以外では絶対制時代に身分制議会が廃止されたが、イギリスでは廃止されなかったので、議会体制に中世的体制が長くつづいたわけである。この点に関するかぎり、イギリスの議会は、第三次選挙法改正までは、フランス・ドイツなどの国よりも遅れていたといえよう。

それはともあれ、この改正によって得をしたのは自由党の急進派であった。二人選挙区の廃止によって、自由党からホイッグ派と急進派を出すという慣行がなくなり、その結果、時代遅れのホイッグ派が急速に凋落《ちょうらく》して、自由党のなかの一分派としての重みを失ってしまった。

小選挙区制の場合は、第三党または二大政党の小分派が当選する機会は少なくなる。これはやがて、自由党を支持していた労働者階級が労働党支持に変わり、第一次世界大戦後自由党の没落を生むのである。グラッドストンはそこまでは予想できなかった。

## ❖アレクサンドリア砲撃

グラッドストンは、ディズレーリの膨張政策に反対し、アフガニスタンから手を引き、南アフリカのトランスヴァール共和国の独立も認めたが、やがてかれの主義に反して、対外的に積極的行動をとらざるをえなくなった。

スエズ運河会社の株をイギリス政府に売ったことは、エジプト財政にとっては一時しのぎの効果しかなかったので、エジプトの財政はいよいよ困難の度を加えていき、ついにはエジプトの財政はイギリスとフランスの二重の統制を受けることになり、これを排除しようとしたイスマイルは廃位された。

エジプト人はしだいに民族意識にめざめ、ついに一八八一年、英仏の内政干渉に反対して、アーメッド＝アラビのひきいる民族運動が起こり、翌年アレクサンドリアにおいてヨーロッパ人約五〇人が殺された。

イギリス軍艦のアレクサンドリア砲撃と応戦するエジプト軍（1882年７月11日）

イギリス、フランスは艦隊をエジプトに派遣した。グラッドストンは、イギリス、フランスだけでなく、ヨーロッパ諸国共同の形でエジプトに干渉する方策を実現しようとしたが、他の国は動かず、やがてフランスも手を引いてしまった。

一八八二年七月一一日、イギリスは海軍でアレクサンドリアを砲撃し、かつ陸軍でこれを占領し、のちにアーメッド＝アラビを捕えた。

ジョン＝ブライトは武力行使に反対して内閣を去った。グラッドストンは、はじめ占領を一時的なものと考えていたが、そのうちに新しい事態が発生した。

## ❖ゴードン将軍の死

エジプトの南方のスーダンで、一八八二年ごろ、マフディにひきいられたイスラム教徒の民族運動が起こった。中国の太平天国の運動を鎮圧して、国民的英雄とされていたゴードン将軍が、内閣の委嘱でこれの鎮圧に向かった。かれは、ハルトゥームにおいてマフディの軍隊によってカイロとの電信連絡をたたれ、危険におちいった。

しらせがロンドンに達し、救援隊が送られたが、一将軍の不決断のため現地到着が予定より二日おくれ、到着したときは二日前にゴードンは殺されていた。

エジプトについての国民の関心は、ゴードン殺害の一点に集中され、救援の遅延について内閣を激しく攻撃した。ゴードン派遣が内閣できまるとき、首相は田舎で病気静養中であったけれども、最高の責任はまぬがれなかった。

それまでグラッドストンは、自由党の「グランド‐オールド‐マン＝G・O・M」（偉大なる老人）という敬称を与えられていたが、ある人がその頭字を逆にならべて、「マーダラー‐オブ‐

ゴードン＝M・O・G」（ゴードン殺害者）の略であるといった。ヴィクトリア女王も電報で首相を非難した。

国民はグラッドストンの対外政策に不満をもち、労働者はかれらの地位の改善が努力されていないとして不平をもち、有産階級は一八八一年のアイルランド土地法を財産権の侵害であると難じ、アイルランド人は改革がまだ微温的であると非難した。

一八八五年六月九日、政府予算案が保守党とアイルランド国民党の連合によって重大な修正を受けた。翌日、内閣は総辞職した。

ヴィクトリア女王はグラッドストンに手紙を送って、伯爵の位を受けることを求めたが、かれはことわった。その理由は、引退するときまで下院にとどまりたいということであった。

# V

# グランドオールドマン

# グランド・オールド・マン

## ❖第一次ソールズベリー内閣

グラッドストンの第三次内閣が倒れてから第四次内閣が生まれるまでは、わずか七か月であった。この期間にはソールズベリー侯ロバート＝セシルの保守党内閣が政権を保っていた。

保守党は、以前にはアイルランドに対して弾圧政策をとる党であったが、ソールズベリーはアイルランド国民党の指導者パーネルと交渉して、アイルランド国民党の支持を受ける代償として、アイルランド政策を転換することという了解に達した。

さらにアシュボーン法を成立させて、アイルランドの小作人が低利かつ長期返済の資金で土地を購入できるように、五〇〇万ポンドの予算を計上した。これは一八八一年自由党内閣がつくった土地法よりも、アイルランド人にとって有利なものであった。

土地購入の立法は、この内閣よりのちも、一八八七、一八九一、一八九六、一九〇三年にも行なわれた。

グラッドストンはかねてからアイルランド人の民族主義に同情を示し、アイルランド人の自治の要求に好意をもっていた。一八八五年の秋になったらこれを表面に出す時機が熟するとおもっていたところへ、アイルランド国民党が保守党と手をにぎって第二次グラッドストン内閣倒壊の因をつくった。そのうえに、保守党内閣の下で両党の提携がさらに進んだので、在野のグラッドストンはしばらく様子をみることにした。

### ❖チェンバレンの新急進主義

ところが自由党のなかにやがてグラッドストンの敵となる新しい主張が台頭していた。それはジョセフ゠チェンバレンの動きである。

かれはバーミンガムの工場経営者として成功し、一八七〇年代にはバーミンガムの市長をつとめ、市のスラム街を一掃し、ガスや水道を市営化し、土地をひらいて新しい道路や広場をつくった。また街路の舗装や公園の設置に力をつくし、無料の図書館や美術館までつくった。そのため、かれは「社会主義的」市長という評判をとった。現代ならば、革新派市長でなくてもこのぐらいのことをするのはあたりまえのことであるが、自由放任主義全盛のイギリスでは、珍しい存在であった。

一八七六年、チェンバレンはまったく新しい政治活動の方法をあみ出した。かれは民衆を政治体制にくみいれるには、民衆を組織し、動員しなければならぬと、考えていた。

そこで一八七六年、バーミンガム自由党協会を改革し、それを基盤にして、翌年、自由党全国協会を結成した。その協会は、選挙のときには、協会の綱領と政策とに忠誠を誓う候補者だけを公認し、協会員は協会首脳部が選んだ候補者だけに投票するというものであった。

その結果、議員の独立性が失われる傾きはあったが、協会の首脳部は、この組織を利用して民衆を動員し、自由党の候補者の決定や党の政策に圧力を加えることができた。自由党はこれによって面目を改めることになった。

チェンバレン自身、一八七六年、バーミンガムから下院議員に選ばれた。

一八八〇年の総選挙における自由党の大勝は、自由党全国協会の力によるところが大きかった。

チェンバレンは、かねてから新急進派に属していたので、古風な自由主義者であるグラッドストンは警戒していたが、第二次グラッドストン内閣のとき、新急進派の援助をも必要とするので、かれを商工相とした。

さて一八八五年末の総選挙の前、チェンバレンは全国を遊説して「われわれの目的は、まずしい人々の生活を向上させ、一般民衆の生活水準を高めることである」としばしばのべた。

列車の中から選挙演説をするグラッドストン（1885年）

かれは自由党が公認していないつぎの七項目を基本綱領としてかかげた。

(1)初等教育の授業料免除。(2)州の地方自治制度の確立。(3)イギリス王国を構成する諸地方が平等の条件で自治政府を設立すること、ただし各地方共通の問題については、ウェストミンスターの議会が最高の立法府としての地位と権威をそこなわないこと。(4)租税制度の改革（相続税・家屋税の維持・所得税の軽減・一般民衆に対する間接税の負担の軽減など。）(5)土地制度の改革（農業労働者のために配分地と小保有地を創設し、かれらを土地に定着させる。）(6)イングランド・ウェールズ・スコットランドにおけるイングランド国教会の廃止。(7)男子普通選挙と議員歳費の確立。

チェンバレンはとくに、(5)について「三エーカーの土地と一匹の牝牛」をスローガンとしていた。

これらは、こんにちではきわめて穏健な政綱であるが、古風な自由主義では認めることはできないものが多かった。

グランド-オールド-ハンドとヤング-ハンス
第三次グラッドストン内閣が成立した1886年１月30日の『パンチ』誌の諷刺画。76歳の老練な首相と若い議員たちを対照させたもの。「ハンド」は「人」を意味し、「ハンス」は若者を代表する人名。

チェンバレンは、このうちで⑴と⑸の実施をグラッドストンに説いたことがあるが、グラッドストンには理解できなかった。かれには、チェンバレンのやり方は民衆の物質的利己心にこびるものと映った。

### ❖第三次グラッドストン内閣

総選挙の結果、自由党は大勝したが、過半数を下回り、アイルランド国民党がキャスティング-ボードをにぎることになった。政権を望むグラッドストンはアイルランドの自治を支持すると約束してアイルランド国民党とむすび、不信任案によってソールズベリー内閣を倒した。

女王は「この半気ちがいで、いろんな点で、まるでこっけいな老人は大きらい」などといっていたが、グラッドストンの組閣を拒否することはできなかった。第三次グラッドストン内閣は八六年一月三〇日に成立した。かれはもはや七六歳であった。

閣僚の選択は困難であった。グラッドストンの後継者と目されていたハーティントンをはじめ、第二次グラッドストン内閣時代の関係者の大部分が入閣をことわった。

チェンバレンは植民相を希望していた。グラッドストンは格が上すぎるとして自治相に任じた。選挙戦の功労者に対するものとしてはむちゃなやり方であった。

それでもチェンバレンは地方自治法案をつくった。それは、一八三五年都市団体法によって、都市に与えられた代議制型の地方自治を、州にもひろげようとするものであった。しかし、アイルランド自治法案に夢中になっている首相はまったく関心を示さず、閣議の議題にしなかった。

ジョセフ=チェンバレン

### ❖第一次アイルランド自治法案

三月なかごろ、グラッドストンはアイルランド自治法案の大綱を閣議に示した。それはアイルランドが二院制の議会をもち、その議会は王室・宣戦講和・陸海軍・外交・関税・貿易・郵便・貨幣制度・宗教制度などいわゆる「帝国全体の事項」以外は、自由に立法することができるというものであった。ウェストミンスターの議会には、アイルランドの議員はいなくなることになっていた。

チェンバレンはグラッドストンのアイルランド自治法案に、真っ向から反対した。かれはアイルランドに広汎な地方自治権を与えることを主張してはいたが、この法案にあるような、アイルランド議会をウェストミンスターの議会から分離させて設けることには絶対反対であった。

その理由の一つは、アイルランド議会の分離はアイルランドの独立を意味し、それはイギリスの海岸から三〇マイル以内のところにイギリスに敵意をいだく外国をつくる可能性があり、イギリスの安全をおびやかすというのであった。

もう一つの理由は、アイルランドが独立すれば、イギリスの商品に保護関税が課せられる恐れがある、というのであった。

もっとも重要な反対理由は、アイルランド議会をウェストミンスター議会から分離させることは、イギリスの王国の連合を破壊し、ひいてはイギリス帝国の統一をそこなう、という信念から発していた。

チェンバレンは閣議の席上、スコットランド相トレヴェリアンとともに辞職を宣言して退室した。首相はかれらを呼びもどす努力はしなかった。

## ❖自由党の分裂

チェンバレンは、ハーティントンらとともに自由統一派を結成し、六月八日、アイルランド自治法案の採決のとき保守党とともに反対投票を行なった。結果は三四三対三一三で否決となった。自由党員が九三人も反対にまわったのである。

閣僚のなかには総辞職を主張するものが少なくなかったが、首相は議会を解散した。総選挙の結果は、保守党三一六、自由統一派七八、自由党一九一、アイルランド国民党八五であった。与野党の差は一一八にのぼった。グラッドストンは七月二〇日辞職した。

自由党が分裂したのは、党首グラッドストンの考えが時代遅れになったからである。この時代には、選挙権が拡大されて大衆が政治上の発言権を得たので、社会政策が重要になった。また社会生活を実施するための経済的基礎をつくるためには、イギリスの植民地を拡大し、結束させること、すなわち帝国主義が必要であるという考えも生まれていた。

自由党の帝国主義者のなかには、社会政策の熱心な支持者がおり、時代の実際的な社会経済問題にもっと現実主義的に取り組もうとしていた。

グラッドストンは社会福祉政策では人間は幸福にならぬという考えをもち、またアイルランド自治法案にみられるように、帝国主義については不熱心であった。

かつて一八四六年、穀物法廃止をめぐって保守党が分裂し、その結果弱体化して、その後四〇年間の大部分、政権をとることができなかった。ところが分裂の運命はいまや自由党のものとなり、保守党は自由統一派に支援されて、こののち二〇年間の大部分で政権をにぎった。党派はちがうが、どちらもグラッドストンの所属する党であり、グラッドストンが分裂の原因となっている。

## ❖第二次ソールズベリー内閣

一八八六年七月、第二次ソールズベリー内閣が自由統一派を加えて成立した。翌八七年、ヴィクトリア女王の戴冠五〇年記念の祝典がはなやかに挙行され、大英帝国の植民地からもたくさんの人々がロンドンに集まった。

祝典の行列における女王の服装は黒づくめであった。大臣たちは、女王が王冠をいただき、女王の公式の服装をすることを願ったが、女王は自分は寡婦であるといってこれを拒否した。アルバートの死後二六年たっても、かの女はまだかれの思い出のなかにあったのである。

女王の行列のあとにつづく貴顕の行列のなかに「グランド・オールド・マン」(グラッドストン)を見た街路の民衆は、歓呼の声をあげたが、バルコニーから見物している上層階級の人々は、それに眉をひそめた。

これを機会として自治領の首相が本国政府の代表と帝国共通の問題を協議する「植民地会議」が開かれ、こののち「帝国会議」と名を改めてしばしば開かれることになった。現在もある「英連邦会議」のはじまりである。

ソールズベリー内閣は、フランスとロシアの海軍の台頭に対抗するため、一八八九年、海軍防衛法を成立させた。それによりイギリスの艦隊は、二位、三位の海軍国の艦隻トン数の合計とつねに同隻であること、すなわち二強国標準が決められ、大規模な建艦計画がたてられた。グラッドストンは海軍拡張計画に大反対であった。

## ❖パーネルをめぐるスキャンダル

アイルランドでは八六年、パーネルが、既存の土地法を無視して地主とたたかう戦術をとりあげ、暴動の波がたかまってきた。政府はきびしい強制法を施行しようとした。

一八八七年三月、ソールズベリー首相の甥《おい》で、まだ三八歳のアーサー＝J＝バルフォアをアイルランド相にした。

その直後、『タイムズ』紙上に『パーネル主義と犯罪』という記事が連載され始めた。議会で審議中の強制法案の通過を容易にするためのものであった。

四月八日、『タイムズ』はその連載記事のなかで、パーネルの手紙なるものを暴露した。それは五年前、アイルランドのダブリン市にあるフェニックス公園で新任のアイルランド相カヴェンディッシュとバーク事務官が暗殺されたことに関係するものである。

その手紙のなかには、「カヴェンディッシュ卿の死は哀悼いたしますけれども、バークは、当然受けるべき罰を受けたとおもっている……」という文面があり、かれが暗殺当時これを非難したのは、ただ政策上そうしただけという意味のことも書かれていた。

パーネルは、その手紙は自分のものではないと否定したが、世間では本物と信じ、パーネルに対して非難を集中させた。

笑っているグラッドストン

三年後の一八九〇年、政府の調査委員会が、手紙が偽作であるのを明らかにした。三流のジャーナリスト、ピゴットがタイムズ社に持ちこんだものであった。追いつめられたピゴットは、スペインに逃げて自殺した。

パーネルはたちまち人気を回復した。

その二年前強制法案は法律となり、アイルランドに対する血の弾圧が行なわれた。偽手紙は十分に効果を発揮した。

さてパーネルの人気は回復したばかりか、逆に人民のヒーローとして人気を集め、アイルランド自治法案にも好影響を与えた。

ところが、パーネルはまたまたスキャンダルに巻きこまれた。

「シャボン玉」
また自治法案を吹いた？
1891年７月25日『ユナイテッド-アイアランド』紙より

九〇年一一月、アイルランド国民党員のオーシーが、夫人に対して離婚訴訟を起こし、パーネルを共同被告として訴えた。夫人とパーネルは不義の関係にあり、その間に二人の子どもまであることが暴露された。

パーネルは、天下の非難をあびながらも、アイルランド国民党首に再選を求めて成功し、さらに前オーシー夫人と結婚したが、その四か月後に死んだ。

## ❖第四次グラッドストン内閣

一八八八年、イギリス炭坑夫組合が結成され、翌年ロンドンのドック労働者ストライキが一か月にわたってつづいた。一八九〇年には保守党政府は労働者住宅法によってロンドンのスラム街の整理と改善を始めた。

これらの現象が示すものは、伝統的な自由放任だけでは不十分であり、社会政策や労働立法に目を向けねばならぬということである。

グラッドストンは、一八九一年、幕僚たちの強いすすめにしぶしぶ従って、新しい要求をもりこんだ「ニューカッスル綱領」をつくった。それはアイルランド自治を首位においてはいるが、労災に対する雇主責任制の実施や、労働時間制限の法定などをも含んでいた。もっとも、かれは、新しい項目については演説のなかで熱をいれなかった。

九二年六月末に議会が解散された。グラッドストンは一〇〇議席は勝つと予想していたが、自由党二七三、アイルランド国民党八一、保守党二六九、自由統一派四六で、アイルランド自治を支持する前の二党の合計は、これに反対するあとの二党の合計よりも四〇議席多いだけであった。

八月一八日、八二歳で第四次内閣を組織したグラッドストンは、アイルランド自治法案に努力をかたむけた。翌年二月、第二次アイルランド自治法案が議会に提出された。今回のものは、アイルランドに議会をおくほか、ウェストミンスターの議会にもアイルランド議員を選出するという妥協案であった。

法案は半年の論議ののち下院を通過したが、上院で否決された。グラッドストンは議会を解散しようとしたが、アイルランド問題で選挙を戦うのは、自由党の致命傷となるという党員の意見に屈服して、解散を思いとどまった。

世論はアイルランド自治に無関心になった。イギリス政府は、土地法をつぎつぎに出し、温情政策でアイルランド人を温和化した。

アイルランド自治に執念を燃やすグラッドストンは、翌年の再提出を期していた。しかし、再提出にいたらぬうちに、海軍拡張について、これを支持する閣僚たちと意見があわなくなった。

一八九四年三月三日、グラッドストンは、ウィンザー宮に辞職を申し出に行った。女王の態度は冷たく、当時世界でもっとも有名な政治家の、五三年にわたる労苦に対して、なんらの感謝のことばもなかった。

辞職する首相に後継首相のことをたずねるのが慣例であったが、こんどはたずねられなかった。

第２次アイルランド自治法案を下院で提案するグラッドストン首相（1893年）

## ❖女王のわがまま

女王はローズベリー外相を首相に指名した。かれは女王のお気に入りで、グラッドストンがもらっていなかったガーター勲章をすでにもらっていた。自由党はこの指名に不満であった。かれはグラッドストンに対して陰謀ばかりくわだてていた男であり、ハーコートが指名されるべきであった、というのである。ハーコートのほうが人気があり、ローズベリー首相はやりにくかった。かれはわずか一年三か月でやめた。そのあと、ソールズベリーが第三次内閣を組織し、一九〇二年まで、七年にわたって政権を維持した。

一八九七年七月、ヴィクトリア女王戴冠六〇年を祝うダイヤモンド祝典が催され、イギリス連邦と全世界から人々がロンドンに参集した。

日本からは有栖川宮や、当時在野の伊藤博文が出かけた。伊藤はソールズベリー首相と会談したが、そのことから、日

**植民地会議の首脳たちとグラッドストン**
1897年、植民地会議に際して元首相グラッドストンのハワーデン城を訪問した自治領の首相たちとグラッドストン。

本とイギリスが同盟をむすぼうとしている、という噂が立った。

しかし、イギリス政府の公文書館にも、伊藤博文の伝記のなかにも、この会談がとおりいっぺんの挨拶以上に進んだというようなことを示唆するものは何もない。

このころは、五〇年祝典のときと同じように、イギリス政府は植民地会議のことで忙殺されていたから、日本との重要な外交交渉を行なう余裕はなかったであろう。

## ❖昇天祭の日

グラッドストンは喉頭ガンにかかり、一八九八年の初めから病状が悪化し、五月ごろになると、もはや疲れた子どものように静かにおとなしくなった。五月一五日の日曜日、娘のドリュー夫人が教会に行ってきますと告げると、かれはつぶやいた。

「教会へ！　けっこうだ！　すばらしい！　わたしのため

グラッドストンの死
グラッドストンの死を悼む1898年５月28日『パンチ』誌の絵。

にお祈りをしておくれ、メリーちゃん。それからわたしの仲間——キリスト者みんなのためにお祈りをしておくれ。すべての不幸な人やみじめな人のためにお祈りをしておくれ」

五月一九日、夫人と子どもたちにみとられながら静かに息をひきとった。ちょうど、昇天祭の日であり、一生を敬虔《けいけん》なキリスト者として過ごしたかれにふさわしい日であった。

下院はただちに休会となり、翌二〇日、ソールズベリー首相は上院で、下院の首領バルフォアは下院で、グラッドストンをウェストミンスター寺院に葬るべきことを提案し、両院とも満場一致で決定した。かれに対する追悼の辞を、ソールズベリー卿・バルフォア・ローズベリー・ハーコートがのべた。

ソールズベリー卿は「かれが指向したものは、偉大な理想の達成でありました。それらが、健全な確信にもとづいたものであったときも、そうでないときも、いずれもみな、最高で、もっとも純粋な道徳的抱負から出たものでありました」とのべた。

バルフォアは「世界最高の議会における最高の議会人」とほめたたえた。

グラッドストン家は、葬儀は一か月後、ロンドン市内を大がかりな葬列をつくって行なうのと、もっと質素にすぐに行なうのとどちらを希望するか、と政府にたずねられて、後者を選んだ。

棺が安置されたウェストミンスター-ホールには、昼も夜もたくさんの人が最後の別れをつげるために行列した。

葬儀は五月二八日の土曜日に行なわれた。両党の首脳や親友のほか、皇太子、のちのエドワード七世や、ヨーク公、のちのジョージ五世も棺側の付添人となった。

女王は宮廷新聞にグラッドストン追悼の辞を書くことを請われたが、とうとう書かなかった。女王は、グラッドストンは好きでなかったといったが、未亡人のことには気をつかった。葬儀の日、未亡人に長文の、心のこもった弔電を打ち、「わたくしは、わたくし自身の幸福と、わたくしの家族の幸福にかかわるすべてのことに対する、かれの献身と熱意をけっして忘れな

ヴィクトリア女王の漫画
1897年、C.レアンドル画

79歳のヴィクトリア女王

いでしょう」とむすんだ。

「国家へ」といわないところがミソである。

同時に皇太子にも電報を打って、楯側付添人になったのは、だれからいわれ、どういう先例にしたがったのかと質問した。

当時すでに五七歳になっていた皇太子は「人の意見もきかなかったし、先例のことは知らない」と回答した。

## ❖ヴィクトリア女王の子孫

ヴィクトリア女王には九人の子があった。第一王女ヴィクトリアはプロシアの皇太子フリードリヒ、のちのフリードリヒ三世に嫁した。第一次世界大戦当時のドイツ皇帝ヴィルヘルム二世はその子である。

プリンス-オブ-ウェールズすなわち皇太子エドワードは、ヴィクトリア女王のあとをついで王位につき、エドワード七世となり、デンマーク王女アレクサンドラと結婚し、その間に第一次世界大戦当時のイギリス王ジョージ五世が生まれた。

アリス王女はドイツのヘッセン＝ダルムシュタット公に嫁した。その子アレックスはロシア皇帝ニコライ二世と結婚したが、ロシア革命後シベリアで殺された。

子孫・親戚にかこまれた70歳の誕生日のヴィクトリア女王

アルフレッド王子はエディンバラ公およびサクス＝コーバーグ＝ゴータ公となり、ロシアのマリア皇女と結婚した。

ヘレナ王女はドイツのシュレスヴィヒ＝ホルシュタイン公に嫁し、クリスティナと呼ばれた。

ルイズ王女はアーギル公に嫁した。

アーサー王子はコンノート公とよばれ、プロシアのルイザ王女と結婚した。日本では「コンノート殿下」として知られ、来日したことがある。

レオポルド王子はオーバーニー公となり、ワルデック公女ヘレナと結婚した。

ベアトリス王女はドイツのバッテンベルク公ハインリヒに嫁した。その子ヴィクトリアは、スペイン王アルフォンソ一三世と結婚した。

これでわかるように、第一次世界大戦当時のイギリス王・ドイツ皇帝・ロシア皇帝はいとこどうしであった。ヴィクトリア女王の子孫は、イギリスとヨーロッパの王族のなかにひろがり、女王が死んだ一九〇一年には、三七人の曽孫がいた。

女王は一九〇一年一月二二日に死んだ。女王重態の報にヨーロッパじゅうの親戚がかけつけた。そのなかにドイツ皇帝ヴィルヘルム一世もまじっていた。

ちょうどそのころ駐英ドイツ大使館一等書記官ヘルマン＝フォン＝エッカートシュタインが英独同盟を画策して、ロンドン政府と接触していた。

ウィルヘルム二世もイギリス政財界の首脳との晩餐会で、英独同盟について語った。イギリスのランスダウン外相はエッカートシュタインに、ロシアの中国侵略に対抗するために、ドイツはイギリス、日本と協力するかと、質問した。

それからまもなく、エッカートシュタインは、駐英日本公使林董《ただす》に、日英独三国同盟を提案した。

これが約一年後、日英同盟として結実するのである。

# あとがき

「虞翁」というのがグラッドストンのことであるのを知っている人々は、こんにちもはや、ごくわずかになった。

第一次グラッドストン内閣が成立したのは明治元年（一八六八）、第四次グラッドストン内閣が倒れたのは明治二七年（一八九四）であるから、日本を近代国家として建設しようと志していた明治人にとっては、グラッドストンは議会政治の模範国とされていたイギリスの、代表的政治家として憧れの的であり、そのような考え方は、大正時代にまでつづいていた。

私がグラッドストンの伝記に初めてふれたのは、昭和の初め高等学校時代、永井柳太郎氏（教育学者、永井道雄氏の父君）の『グラッドストーン』を読んだときである。

イギリスの自由党を理想としていた憲政会の政治家であり、雄弁家として知られていた永井氏は、グラッドストンを政治家の模範として仰いでいたのである。元文部相の坂田道太も成城高等学校生徒のころ、「自由党のグラッドストン」が理想の人だと語っていた。そういえば文学好きなこと、教育問題に熱心な政治家である点がグラッドストンに似ている。

ディズレーリも明治人の関心のなかにあった。今から一〇年ほど前、東京青山の古書店に、一一巻より成るディズレーリの文学作品集が並んでいた。明治の大政治家、伊藤博文の子、伊藤文吉の旧蔵書であった。

この本の読者は、これまで世界史や西洋史の書から得た一九世紀のイギリス史の像をひどく破壊されるだろう。イギリスは二大政党によって典型的な議会政治が行なわれていたと思っていたら、自由党員も保守党員も、それぞれ一つにまとまっておらず、議会における採決に当たって分裂行動がしきりに起こる。そのうえアイルランド国民党の勢いも強い。イギリスはまるで四政党か五政党の国のようである。

また、イギリスでは立憲君主政治がみごとに成長し、君主は国政に介入しなかったというふうに、これまで理解していた者は、ウィリアム四世ばかりでなく、理想の立憲君主といわれるヴィクトリア女王までやたらに内閣に干渉し、後継首相についてえり好みをするのに驚くであろう。

簡単な記述によって得られたイメージが、くわしい記述を読んだときにくずれてしまいやすいのは、歴史の記述の性格である。数学ならば、小学生として学んだ一プラス一、イコール二という観念は、専門の数学者になってもくずれないが、歴史の場合には学べば学ぶほど、以前にもっていたイメージがくずれるのである。

これは数学が法則を求める学問であるのに対し、歴史は個別的なものを求めるのを第一義としているからである。個別というものは無限に多様なものであるから、遠景——簡単な像においては、わからなかったものが、クローズアップされると、見出されるわけである。

くわしく知ればくずれるようなイメージが、簡単なものを読んだときにつくられるのには、先入見も作用している。われわれは歴史書を読んだときに、書いてあること以外のことも、自分の既往の知識、経験などを加えて勝手に類推し、あるイメージをつくってしまう。たとえば自由主義改革に努力するグラッドストンは、当然、若いときから自由主義改革に熱意をもっていたはずだという、漠然としたイメージをつくっている。ところが実際には、グラッドストンの父は奴隷を使う農園の経営者であり、グラッドストン自身も奴隷制度の弁護をする。また第一次選挙法改正に反対する演説も行なう。

これは一見すると意外なことのようであるが、因果関係をたどってみると少しも不自然でなく、むしろ人間や社会について、単純に考えていたことを反省させられるものである。

本書の記述方法が、日本で行なわれているふつうの一九世紀イギリス史と違う点は、人物を中心としたことばかりではない。ふつうは選挙法改正、自由貿易、労働問題、植民地政策、アイルランド問題などが項目別に配列されているのに対し、本書ではこれらのことをほぼ発生の順にしたがって並列的に発展をたどっている。

一人の政治家は同時にいくつかの問題に直面し、それの解決に努力している。かれにとってはそれらの問題や、それへの対処の仕方の相互関連が重要である。どのような順序で、どのような決意、あるいはどのような妥協策にしたがって動いているかが重要な見どころである。これは別に風変わりな記述方法というわけではなく、われわれの日常経験の実際から学んだものである。同時に複数の難問にぶつかってその解決に当たるということは、凡人といえどもしばしば体験することである。

グラッドストン、ディズレーリ、ヴィクトリア女王について、ある程度のイメージをもっていた人々は、本書を読んでイメージがかなり変わったことであろう。自由主義政治家グラッドストンがたいへん頑固であり、対外膨張政策に反対のはずのかれが、エジプト侵略の責任者だということを知った。これに反して、冷徹な対外積極論者という印象を受けていたディズレーリが、案外、人間的な温か味をもち、また内政面でも改革を積極的に進めている。温厚な立憲君主という伝説に包まれているヴィクトリア女王が、歴代首相のうちでメルボーン卿やディズレーリを偏愛し、グラッドストンを毛ぎらいしたのは、彼女の欠点丸出しという感をおぼえるだろう。

こういうイメージ変化は、それ自体としては正しいが、それらのことを、もっと広い見地のなかに収めて考えないと、一九世紀イギリス史や議会政治というものについての全体像がゆがんでくるであろう。

グラッドストンの時代は激動と激変の時代であった。しかも人間はいっさいをあらかじめ見通すことはできない。したがって変化に対処するためには、従来の立場を放棄しなければならない場合があるのは当然であった。世論、とくにかれが新しくとった立場に反対する側の世論は、かれを無節操、日和見的と批評するであろうが、判断の基準はかれのそのときどきの政策が問題の正しい解決であったかどうかである。そういう点から見れば、自由貿易政策の確立、選挙権拡大は、時代の要求に正しく答えたものであった。アイルランドの教会、土地問題の改革も大きな進歩であった。アイルランド自治は一見すれば空想的のようであるが、アイルランドがやがてイギリス連邦内の自治領となり、ついで連邦を離れて完全な独立国となった二〇世紀の歴史を顧みれば、かれには先見の明があったこと、ただそれがあまりに早すぎた先見であったことがわかるであろう。対外膨張政策にいたっては、すでに帝国主義時代の要請であったから、イギリス首相としてこれに反対するのには限界があったのである。歴史における個人の力は大きいが、歴史の流れに抗してまで個人の力が影響を及ぼすことはできない。

ディズレーリの政策のもっとも大きな特色は対外膨張であるが、第二次選挙法改正によって、工場労働者に選挙権を与えるような大衆民主主義改革も行なっている。侵略政策を行なう者が、労働者の権利をはかる政策を行なうというのは、一見不可解なようであるが、その不可解な原因はイデオロギーの呪縛《じゅばく》である。侵略と労働者への奉仕は一致しないという原理を超歴史的に適用させようとするところから起こる誤りである。対外膨張は労働者の要求で起こるわけではないが、労働者にまで選挙権を拡大した場合には、かれらの経済的要求にこたえなければならず、そのために富を得る手段として対外膨張がはかられたのである。ディズレーリは内政上の改革にも力を入れるということによって保守党の性格を変え、社会政策に力をそそぐのちの保守党の体質を生みだしたのである。

ヴィクトリア女王がしばしば見せる非立憲的態度というものは、その当時のイギリスの政治や社会の民主化の程度と比較しながら評価しなければならぬ。意外に古いイギリスの体質とくらべたならば、女王の行動は格別専制的というものでもない。

さらにジョージ三世、ジョージ四世、ウィリアム四世など、先行するイギリス王や、フランス皇帝ナポレオン三世、ドイツ皇帝ウィルヘルム二世と比較すれば、決定的に立憲的といえるであろう。

## グラッドストン年譜

■算用数字は月・日をあらわす

| 西暦 | イギリス | その他の国 |
|---|---|---|
| 一八〇一 | 1・1、グレート＝ブリテンとアイルランドが合併。<br>2・3、ピット内閣総辞職。3・4、アディントン内閣成立。 | |
| 二 | 3・27、イギリス・フランスがアミアンの和約を締結。 | ナポレオンが終身執政となる。 |
| 三 | 5・16、イギリス・フランス間の戦争が再開。 | アメリカがルイジアナを購入。 |
| 四 | 5・10、第二次ピット内閣成立。<br>12・21、ベンジャミン＝ディズレーリ（以下Dと略す）が生まれる。 | ナポレオン法典施行。ナポレオン＝ボナパルトが皇帝となる。 |
| 五 | 10・21、トラファルガーの戦い。 | 12・2、アウステルリッツの戦い。 |
| 六 | 1・23、ピットが死ぬ。<br>1月、イギリスがオランダ領ケープ＝コロニーを終局的に占領。<br>4月、イギリスがフランス沿岸の封鎖を宣言。<br>11・21、ナポレオンのベルリン勅令（大陸封鎖）。 | |
| 七 | イギリスで奴隷売買禁止。<br>1・7、11・11、11・25、イギリスがフランスとその同盟国の沿岸の封鎖を宣言。<br>12・7、ミラノ勅令。 | フルトンがハドソン川で汽船の公式初運転を行なう。 |
| 八 | 8・1、イギリス軍がポルトガルに上陸。 | ゲーテ『ファウスト』第一部 |
| 九 | 12・29、W・E・グラッドストン（以下Gと略す）が生まれる。 | |
| 一一 | 2・5、ジョージ三世が精神異常と宣言され、ジョージ皇太子が摂政となる。 | |

| | | |
|---|---|---|
| 一八一二 | 3月、ラッダイトが機械破壊運動を開始。<br>6・9、リヴァプール伯のトーリー内閣（〜二七年）成立。<br>6・18、アメリカがイギリスに宣戦。 | ナポレオンがロシアに侵入。 |
| 一三 | 7・1、東インド会社のインド貿易の独占権が廃止される。 | ライプチヒの戦い。 |
| 一四 | 8・13、ケープ-コロニーが正式にイギリス領となる。<br>12・24、イギリス・アメリカ間にガン平和条約。 | |
| 一五 | 3月、穀物法成立。<br>11・5、イギリスがイオニア諸島の保護権を獲得。 | 6・18、ワーテルローの戦い。<br>9・26、神聖同盟成立。 |
| 一六 | イギリスの金本位制復活。 | |
| 一七 | 3月、強制諸法成立。7・31、D、キリスト教に改宗。<br>リカード『経済学および課税の原理』。第三次マーラター戦争。 | |
| 一八 | ジョン=グラッドストンが下院議員（〜一八二七）となる。 | |
| 一九 | 2・6、イギリスがシンガポールを建設。<br>5・24、ヴィクトリア女王（以下Vと略す）が生まれる。<br>8・16、ピータールーの虐殺。11・29、六か条法成立。 | 汽船サヴァンナ号が大西洋を初横断。 |
| 二〇 | 1・29、ジョージ三世が死去、ジョージ四世が即位。<br>2・23、カトー街陰謀事件が発覚する。<br>マルサス『経済学原理』。最初の甲鉄汽船が建造される。 | |
| 二一 | G、イートン校に入学。 | ギリシア独立戦争（〜二九）。 |
| 二二 | 8・12、カースルレー外相が自殺、カニングが後任。 | ブラジルが独立を宣言。 |
| 二三 | グラッドストン家のギアナの農園で奴隷暴動がおこる。 | 12・2、モンロー宣言。 |

| | | |
|---|---|---|
| 一八二四 | 結社禁止法を廃止。第一次ビルマ戦争（〜二六）。<br>バイロンがギリシアのミソロンギで死ぬ。 | ベートーヴェン『第九シンフォニー』 |
| 二五 | D、南アメリカの鉱山株で失敗、巨額の債務を負う。<br>G、イートン校の弁論会を復活させる。<br>最初の鉄道がストックトン－ダーリントン間に開通。 | |
| 二六 | D、処女作『ヴィヴィアン＝グレー』を匿名で発表。 | |
| 二七 | 4・30、カニング内閣成立。<br>8・8、カニング死去。9・5、ゴードリッチのトーリー内閣成立。 | 10・20、ナヴァリノの海戦。 |
| 二八 | 1・25、ウェリントン内閣成立。5・9、宣誓法（審査律）廃止。<br>7・15、スライド式の穀物法成立。G、オクスフォード大学に入学。<br>D『キャプテン＝ポパニラの航海』 | |
| 二九 | 3・5、カトリック解放法案が下院を通過、4月、上院を通過、成立。<br>9・29、ロバート＝ピールがロンドンの警察を改革。<br>G、オクスフォード大学でエッセイ討論クラブを設立する。 | ジャクソンがアメリカ大統領に就任。 |
| 三〇 | 6・26、ジョージ四世死去、ウィリアム四世即位。<br>9月、リヴァプール－マンチェスター間の鉄道開通。<br>11・16、ウェリントン内閣総辞職。グレー内閣成立。<br>D『若い公爵』 | 七月革命、ルイ＝フィリップがフランス王となる。 |
| 三一 | 3・24、ダラムとラッセルが作成した選挙法改正案が下院の第二読会を一票差で可決されたが、委員会段階で修正される。<br>4・19、議会解散。<br>9・21、選挙法改正第二次案が一〇九票差で下院を通過。 | |

| | | |
|---|---|---|
| | 10・8、上院の第二読会で否決。 | |
| 一八三二 | 3・23、選挙法改正第三次案が下院で大差で可決。<br>6・4、上院で可決。<br>G、下院議員に初当選。<br>D、落選。D『コンタリーニ＝フレミング』 | マッツィーニが青年イタリア党を設立。 |
| 三三 | 8・23、植民地奴隷制廃止。8・29、工場法。<br>オクスフォード運動開始。 | |
| 三四 | 7・9、グレー内閣総辞職。第一次メルボーン内閣成立。<br>8・14、新救貧法。11月、ピール内閣成立。 | |
| 三五 | 1月、総選挙中にピールがタムウォース宣言。G、植民政務次官。<br>4・8、ピール内閣総辞職。4・18、第二次メルボーン内閣成立。<br>9・9、都市団体法成立。D、トーントン選挙区で落選。 | |
| 三六 | D『ヘンリエッタ＝テンプル』。チャーティスト運動が始まる。 | |
| 三七 | 6・20、ウィリアム四世死去、V女王即位。D『ヴェネツィア』<br>D、メードストーン選挙区で初当選。下院で処女演説。カナダの反乱。 | 大塩平八郎の乱。 |
| 三八 | 6・28、Vの戴冠式。9・24、反穀物法同盟成立。 | |
| 三九 | 4月、ジャマイカ問題。5月、寝室女官事件。<br>5月、第三次メルボーン内閣成立。<br>5・13、チャーティストが請願書を議会に提出。<br>7・25、G、キャサリン＝グリンと結婚。<br>8・28、D、メリー＝アンヌと結婚。11・3、アヘン戦争開始。 | |

| | | |
|---|---|---|
| 一八四〇 | 2・10、V、アルバートと結婚。 | |
| 四一 | 8・28、第三次メルボーン内閣総辞職。<br>8月、第二次ピール内閣成立。G、商工政務次官。Dは入閣を拒否される。 | 天保の改革開始。 |
| 四二 | G、商工次官として関税の大改革。8・29、南京条約。 | |
| 四三 | G、商工相に就任。ロッチデール協同組合創立。 | |
| 四四 | 7・19、銀行特許法成立。D『コニングスビー』 | オランダ国王が開国を幕府に勧告。 |
| 四五 | G、商工相を辞任。G、植民相に就任。<br>アイルランドの馬鈴薯キキン始まる。<br>11・22、ピール首相が自由貿易への転向を発表。<br>エンゲルス『イギリスにおける労働者階級の状態』<br>D『シビルすなわち二つの国民』 | |
| 四六 | 6・6、穀物法廃止決定。6・29、ピール内閣総辞職。<br>6・30、ジョン=ラッセル内閣成立、パーマストンが外相に就任。 | メキシコ-アメリカ戦争（〜四八）。<br>ピオ九世が教皇となる。 |
| 四七 | G、オクスフォード大学区で当選。D『タンクレッド』<br>イギリス領海峡植民地が成立。Dの母死ぬ。 | |
| 四八 | 4・10、チャーティストが大請願書を議会に提出。<br>D、下院首領となる。Dの父死ぬ。<br>D、バッキンガム州に土地を入手しヒューエンデン荘園に住む。 | 共産党宣言。<br>二月革命。三月革命。<br>12・10、ルイ=ナポレオンが大統領に当選。 |
| 四九 | 5・7、航海法廃止。 | |
| 五〇 | 1月、ドン=パシフィコ事件。7・2、ピールが落馬事故で死去。<br>合同技術組合結成。 | 大平天国の乱（〜六四）発生。 |

| | | |
|---|---|---|
| 一八五一 | テニスン『イン=メモリアム』。テニスンが桂冠詩人となる。<br>5・1、ロンドン万国博覧会（〜10・15）<br>12・19、V、パーマストン外相と争い、首相にかれを罷免させる。 | 12・2、ルイ=ナポレオンのクーデター。 |
| 五二 | 2・22、ラッセル内閣総辞職。<br>2・27、第一次ダービー保守党内閣（〜12・17）、D、蔵相兼下院首領となる。<br>12月、Dの最初の予算案。<br>12・28、ホイッグ派とピール派の連立によるアバディーン内閣成立。 | 12・2、ルイ=ナポレオンが皇帝となる。 |
| 五三 | G、蔵相として画期的予算案提出。 | ペリー提督が浦賀に来航。 |
| 五四 | 3・28、クリミア戦争発生。<br>10・17、セヴァストポール要塞攻囲開始。 | 日米和親条約。 |
| 五五 | 2・6、第一次パーマストン内閣成立。G、蔵相となる。<br>9・11、セヴァストポール陥落。 | |
| 五六 | 2・25〜3・30、パリ講和会議。10・8、アロー号事件発生。 | |
| 五七 | 3・29、シパーヒーの乱発生。<br>6・25、アルバート公がプリンスコンソートの称号を得る。<br>フェニアン-ブラザーフッド結成。 | |
| 五八 | 2・19、パーマストン自由党内閣総辞職。<br>2・25、第二次ダービー保守党内閣成立。Dが蔵相兼下院首領。<br>6・26、天津条約。7・18、日英修好通商条約。<br>7・23、ユダヤ人市民権欠除法廃止。 | 日米修好通商条約。 |

| | | |
|---|---|---|
| 一八五九 | 11・1、インドがイギリス政府の直接支配下にはいる。<br>12月、シパーヒーの乱が鎮圧される。<br>6・18、第二次パーマストン自由党内閣成立。G、蔵相となり、自由党にはいる。<br>ダーウィン『種の起源』。J・S・ミル『自由論』 | スエズ運河起工。 |
| 六〇 | 1・23、英仏通商条約調印。8・21、英仏軍が太沽《タークー》砲台を占領。<br>10・12、英仏軍が北京を占領。<br>10・24、北京条約。G、大幅な関税改革。 | 桜田門外の変。<br>リンカーンが大統領に当選。 |
| 六一 | 11~12月、トレント事件。12・14、プリンス-コンソート死去。 | イタリア王国成立。南北戦争発生。 |
| 六二 | ロンドンの万国博。 | ビスマルクの鉄血演説。 |
| 六三 | ロンドンに最初の地下鉄。J・S・ミル『功利主義』 | |
| 六四 | 6・5、イギリスがイオニア諸島の保護権を放棄。 | 四国艦隊の下関砲撃。 |
| 六五 | G、南ランカシャー選挙区から当選。<br>10・18、パーマストン首相が執務中に死去。<br>11・6、第二次ラッセル自由党内閣成立。G、蔵相兼下院首領。 | リー将軍の降伏。 |
| 六六 | 2・7、アイルランドで人身保護法停止。<br>6・26、ラッセル内閣が選挙法改正案で敗北。<br>7・6、第三次ダービー保守党内閣成立。D、蔵相兼下院首領。 | |
| 六七 | 7・1、英領北アメリカ法（カナダ連邦成立）。<br>8・15、第二次選挙法改正。G、ホードン領を入手。 | マルクス『資本論』。大政奉還。 |
| 六八 | 2・29、第一次ディズレーリ保守党内閣成立。総選挙。<br>11・30、Dの妻がビーコンスフィールド子爵となる。 | |

| | | |
|---|---|---|
| | 12・9、第一次グラッドストン自由党内閣成立。 | 明治改元。 |
| 一八六九 | 7・26、G、アイルランド国教会廃止法成立。 | 11・16、スエズ運河開通。 |
| 七〇 | 4・4、アイルランドの反抗に対して治安維持法発布。<br>6・4、官吏制度改正令（官吏採用に試験制度導入）。<br>8・1、アイルランド土地法。8・9、初等教育法成立。<br>9月、G、ビスマルクにアルザス-ロレーヌ併合を断念させようとする。 | フランス-ドイツ戦争（〜七一）。 |
| 七一 | 6月、大学宣誓法。6・29、労働組合法（組合の合法化）。<br>7・20、陸軍の売官制廃止。<br>10・28、リヴィングストンがスタンレーを発見。 | ドイツ帝国成立。パリ陥落。<br>パリ-コミューン。 |
| 七二 | 7・18、G、秘密投票制成立。9・14、アラバマ号事件解決。<br>10月、ケープ-コロニーに責任内閣制成立。 | |
| 七三 | 3・13、G、アイルランド大学法案で敗北。裁判所構成法。 | |
| 七四 | 1月、Gが議会解散。総選挙で大敗。<br>2・21、第二次ディズレーリ内閣成立。<br>G、ローマ教皇の教書を批判。 | |
| 七五 | G、自由党々首を引退すると宣言。公衆衛生法。職工住宅法。<br>11・25、D、スエズ運河会社の株を買収。 | |
| 七六 | 5月、G『ブルガリアの恐怖と東方問題』<br>4月、V、インド女帝となる。<br>8・12、D、ビーコンスフィールド伯となる。 | |

| | | |
|---|---|---|
| 一八七七 | ロシア-トルコ戦争起こる。 | 西南戦争。 |
| 七八 | 4・12、イギリスがトランスヴァールを占領。<br>6・4、イギリス軍がキプロス島を占領。<br>6・13～7・13、ベルリン会議。 | 3・3、サン-ステファノ条約。<br>教皇レオ一三世即位。 |
| 七九 | G、ミッドロージアン演説。農業恐慌。<br>ズールー戦争。 | |
| 八〇 | 3月、総選挙。<br>7・28、第二次グラッドストン内閣成立、Dは蔵相を兼任。<br>アイルランドにおける「ボイコット」 | |
| 八一 | 4・19、D死去。G、アイルランド強制法。<br>8・22、アイルランド土地法。 | 9・9、エジプトのアラビの蜂起。 |
| 八二 | 5・6、アイルランド相カヴェンディッシュが暗殺される。<br>7・9、イギリス軍がアレクサンドリアを砲撃。 | 三国同盟。 |
| 八三 | 8月、G、腐敗および不法行為防止法成立。 | |
| 八四 | 1月、フェビアン協会設立。G、第三次選挙法改正。<br>トランスヴァールの独立回復を認める。 | |
| 八五 | 6月、G、議席定数是正法成立。G内閣総辞職。<br>6・24、第一次ソールズベリー内閣成立。<br>8・14、アイルランド土地法。 | |
| 八六 | 2・12、第三次グラッドストン内閣成立。<br>4・8、G、第一次アイルランド自治法案を提出。6・7、否決、辞職。 | トランスヴァールで金鉱発見。 |

| | | |
|---|---|---|
| | 7・26、第二次ソールズベリー内閣成立。 | |
| 一八八七 | 4・4、最初の植民地会議開く。6・21、V女王の戴冠五〇年祝典。 | |
| 八八 | 8・13、帝国防衛法成立。 | |
| 八九 | 5・31、海軍防衛法成立。<br>8・15～9・16、ロンドンのドック・ストライキ。 | 大日本帝国憲法発布。 |
| 九〇 | 労働者住宅法がスラム街排除を開始。<br>小学校の授業料が無料となる。 | 日本の第一回帝国議会。 |
| 九一 | G、ニューカッスル綱領を発表。 | |
| 九二 | 8・18、第四次グラッドストン内閣成立。 | ロシア-フランス同盟。 |
| 九三 | 1月、独立労働党結成。<br>2・13、G、第二次アイルランド自治法案を下院に提出。9月、下院を通過、上院否決。 | |
| 九四 | 3・3、G内閣総辞職。3・8、ローズベリー自由党内閣成立。 | 日清戦争（～九五）。 |
| 九五 | 6・25、第三次ソールズベリー統一党内閣成立。チェンバレンが植民相。<br>12月、ジェームソンのトランスヴァール侵入。 | |
| 九六 | 7月、アイルランド土地法成立。 | |
| 九七 | 6・22、V女王の戴冠六〇周年祝典。6～7月、第二回植民地会議。 | |
| 九八 | 5・19、G死去。 | 隈板内閣（最初の政党内閣）。 |
| 九九 | 10・10、ボーア戦争発生。義和団事件起こる。 | |
| 一九〇〇 | 2・27、労働代表委員会（労働党の前身）結成。 | |
| 一 | 1・22、V女王死去。エドワード七世即位。 | |

# 参考文献

『グラッドストン―政治における使命感』 二冊（潮新書） 神川信彦著 潮出版社 一九六七
『ディズレーリ』（潮文庫） 鶴見祐輔著 潮出版社 一九七一
『英国史』 二冊 アンドレ＝モーロワ著 水野成夫・浅野晃・和田顕太郎共訳 白水社 一九三九
『イギリス史（新版）』 大野真弓編 山川出版社 一九六八
『英国社会史』 三冊 G・M＝トレヴェリアン著 林健太郎訳 山川出版社 一九四九～五〇
『英国社会史増訂版』 二冊 今井登志喜著 山川出版社 一九五三～五四
『イギリス議会史』 中村英勝著 有斐閣 一九六三
『イギリス議会政治の発達』 中村英勝著 至文堂 一九六一
『英国憲法史』 F・W＝メートランド著 高田勇道訳 明玄書房 一九五四
『イギリス法制史』 二冊 T・F・T＝プラックネット著 イギリス法研究会訳 東大出版会 一九五九
『帝国主義の終末』 J＝ストレイチー 関嘉彦ほか訳 東洋経済新報社 一九六二
『イギリス保守主義史研究』 小松春雄著 お茶の水書房 一九六一
『イギリス急進主義の研究』 永井義雄著 お茶の水書房 一九六二

『アイアランドの政治的解剖』　W＝ペティ著　松川七郎訳　岩波書店　一九五一
『帝国主義下の印度　附録：アイルランド問題の沿革』　矢内原忠雄著　大同書院　一九四二
『イギリス労働運動史』　三冊　G・D・H＝コール著　林健太郎・河上民雄・嘉治元郎訳　岩波書店　一九五二〜五七
『イギリス政治思想』　四冊　G・P＝グーチほか著　堀豊彦ほか訳　岩波書店　一九五二〜五八

# さくいん

## 【ら・り・る・れ】



## 【ろ】

新《しん》・人《ひと》と歴史《れきし》　拡大版《かくだいばん》　29
**最高《さいこう》の議会人《ぎかいじん》　グラッドストン**

定価はカバーに表示

2018年７月30日　　初　版　第１刷発行

著　者　尾鍋《おなべ》　輝彦《てるひこ》
発行者　野村　久一郎
印刷所　法規書籍印刷株式会社
発行所　株式会社　**清水書院**
〒102－0072
東京都千代田区飯田橋3－11－6
電話　03－5213－7151㈹
FAX　03－5213－7160
http://www.shimizushoin.co.jp

カバー・本文基本デザイン／ペニーレイン　　ＤＴＰ／株式会社 新後閑
乱丁・落丁本はお取り替えします。　　ISBN978－4－389－44129－6